LA EXPRESION ORAL

JORGE O. FERNANDEZ

LA
EXPRESION
ORAL

Editorial de Belgrano

© 1998 Fundación Editorial de Belgrano
Federico Lacroze 1959 (1426) Capital Federal
Teléfono 775-8788
Internet: WWW. Latbook. Com/Editor/Belgrano.
E-mail: Belgrano @ Ub.Edu.Ar

Printed and made in Argentina
Hecho e impreso en la República Argentina

I.S.B.N.: 950-577-234-3

Queda hecho el depósito que previene la ley 11.723.

Prohibida la reproducción total o parcial de este libro, o su almacenamiento en un sistema informático, su transmisión por cualquier medio electrónico, mecánico, fotocopia, registro u otros medios sin el permiso previo por escrito de los titulares del copyright.

La Fundación Editorial de Belgrano es una entidad que se rige conforme a las disposiciones del decreto ley 19.836/72 que reglamenta la creación y funcionamiento de las fundaciones, y cuyo artículo 1º dispone lo siguiente: "las fundaciones a que se refiere el artículo 33 del Código Civil son personas jurídicas que se constituyen con un objeto de bien común sin propósito de lucro".

Este libro contó con la asesoría médica
del Dr. Juan O'Brien.

Está dedicado a mi esposa e hijos.

Índice

Introducción 11

Capítulo 1: *La voz* 15

Capítulo 2: *Técnica de expresión oral: vicios elocutivos más comunes* 21

Capítulo 3: *Silencios - Tonos - Matices* 35

Capítulo 4: *Temor oratorio* 47

Capítulo 5: *Improvisación-discurso* 57

Capítulo 6: *La creatividad* 69

Capítulo 7: *Plástica - Precauciones - Imprevistos* 79

Capítulo 8: *Expresión en medios orales de comunicación* 91

Capítulo 9: *Conferencia: elementos de apoyo - Tiempo* ... 103

Capítulo 10: *El orador como comunicador* 107

Capítulo 11: *Formas oratorias* 113

Capítulo 12: *Público - Multitud* 127

Capítulo 13: *No verbalismo* 131
Bibliografía 153

Introducción

*"El hombre digno de ser escuchado
es aquel que no se sirve de la palabra
sino para el pensamiento, y del pensamiento
sino para la verdad y la virtud."*
Fenelón

Desde el nacimiento de la civilización, nunca antes el hombre tuvo tantos elementos electrónicos para comunicarse y, paradójicamente, muchas veces no logra establecer *sintonía* con sus contactos interpersonales.

La tecnología operó como generadora de cambios sociológicos que modificaron costumbres y comportamientos a punto tal que, para el ingreso a un simple trabajo, la operación de un ordenador ya es indispensable.

Lo mismo ocurre con el *idioma inglés*, constituido en lengua universal.

Indudablemente ambos *(computación e inglés)*, imperan como variables obligatorias de ser sabidas para el desempeño profesional.

Pero existe un tercer punto, *imprescindible* a la hora de ser *eficaces*, tanto en la profesión como en las relaciones interpersonales: la *oralidad*.

Entrevistas, negociaciones, discusiones, discursos, exáme-

nes, *participación en medios electrónicos de comunicación*, están signados por el discurso *hablado*.

En el mundo de la alta competencia, ya no basta *"hacer buena letra"* o *"sacar bien las cuentas"*.

Un correcto desempeño *retórico potenciará cualitativamente* cualquier circunstancia personal o profesional que requiera de la retórica.

Muchas personas son renuentes a utilizar el lenguaje oral, tal vez por falta de preparación o inhibición. Pero, en algunos ámbitos, como el empresarial, ya no se constituye en una cuestión de elección. La velocidad del cambio obliga a la eficacia en todos los campos y, como expresó una de las máximas autoridades del managment, Peter Drucker, *"hay que hacer lo que la empresa necesita, y no lo que uno quiere"*.

La palabra hablada, si bien tiene sus raíces en los maestros de la antigua Roma y Grecia, ha sufrido importantes transmutaciones a lo largo del tiempo.

Esta obra pretende aportar algunos conocimientos obtenidos de autores clásicos y contemporáneos, y de la propia experiencia como profesional de la palabra hablada en medios de comunicación durante varios años; y como docente, y su aplicación práctica en la cotidianeidad.

Tendrá dos troncos principales:

a) *Técnica de expresión oral:* el discurso oral suele padecer algunos *vicios elocutivos y expresivos* que no sólo deslucen el contenido sino que, además, genera en el interlocutor reacciones adversas.

Se hará mención de los mismos, para hacerlos conscientes y, con la ayuda de algunos ejercicios, intentar su superación. Ello servirá, también, para optimizar el lenguaje escrito ya que, a veces, los errores que se cometen en la escritura devienen de algunos vicios de la oralidad (por ejemplo, una alumna solía escribir la palabra *"escencia"* en lugar de *"esencia"*, porque en su discurso hablado la decía con "SC").

b) *Oratoria moderna:* sobre la oratoria Quintiliano dijo que se trata del *"bien decir"*, y Aristóteles que *"tiene por fin hallar los medios más aptos para persuadir"*. Este último verbo *(persuadir)*, viene de *suadere, suadvis,* y estos vocablos, del remoto *suados,* significan *atraer el alma de quien escucha.*

En la antigua Grecia existían tres estilos oratorios: *teatral* (cuya composición pretendía halagar los sentidos); *asiático* (con términos ampulosos y excesivo ornato); y el *ático* (práctico, con frases cortas, concisas). La *oratoria moderna* se basa en el aticismo.

La *personal* y *participativa* constituirán capítulos que brindarán los medios para un eficiente desempeño oratorio.

En el capítulo final se hará una *introducción* al *no verbalismo.*

El *lenguaje verbal (la palabra, la voz y los matices)* proporciona información.

El *no verbal* expresa actitudes y sentimientos.

El primero tiene un impacto en el discurso de un 45%; el segundo, 55%.

Es por ello que, si bien no es un tema específicamente oral, está estrechamente ligado a él, por lo que se considera conveniente su tratamiento.

Gran parte de la enseñanza académica hace hincapié en *qué* decir, y la forma más frecuente de expresarlo es escrita.

El presente trabajo abordará también el *cómo* decirlo *oralmente,* además de otorgar al lector elementos indispensables para *influir.*

Se desea aclarar la diferencia entre *influir* y *manipular*. Al *manipular*, uno gana y el otro pierde. En este proceso sólo gana el que convence.

Influir implica una *ganancia mutua*, y promueve una optimización en las relaciones interpersonales.

Es tiempo de introducirnos en un aspecto fascinante, un don indiscutido del hombre civilizado: la *palabra hablada*.

"Veo que en la vida de los hombres es la palabra, y no la acción, lo que conduce todo", le hizo decir Sófocles a Ulises en la tragedia *Filoctetes*.

Capítulo 1

LA VOZ

Es muy frecuente escuchar a personas expresar disconformidad con su voz.

En realidad, una voz no se puede cambiar. Sí mejorar su modulación y rango de emisión.

Indudablemente, un *desorden vocal* en cualquier profesional puede tener *consecuencias emocionales, sociales, profesionales* y, eventualmente, *políticas*. Por ejemplo, la inflexión de la voz que tenga un presidente de un país que diga un discurso en un acto público será el medio por el que se percibirá el estado de ánimo o la intencionalidad de sus palabras. Lagache decía que: *"El tono en que se pronuncia una frase habla más que la frase misma"*.

Fisiológicamente, el sonido fónico se produce cuando desde la *corteza cerebral* parten los impulsos nerviosos que actúan en el aparato respiratorio produciendo un flujo de aire gracias a su acción de *fuelle respiratorio*. Dicha columna aérea atraviesa las distintas estructuras laríngeas, dando lugar al sonido.

Las *cuerdas vocales*, dos músculos ubicados en la laringe (en la región llamada glotis), se unen, mientras pasa por ellas el flujo de aire proveniente de la tráquea. Las distintas intensidades de salida de aire dará a la voz un determinado volumen y tono.

Desde el punto de vista patológico, cualquier afección de laringe puede llegar a incidir en una correcta emisión de la intensidad de aire y, por carácter transitivo, alterar la vibración de las cuerdas vocales.

Hay un espectro muy variado en torno de las afecciones vocales. Las más comunes son:

* *Afonía:* pérdida total de la voz.

* *Disfonía:* pérdida parcial de la voz.

* *Odinofonía:* molestia o dolor producidos por una tensión anormal del músculo laríngeo.

* *Fatiga vocal:* cansancio generado por el excesivo uso de la voz.

* *Voz quebrada (voice crack):* disfonía momentánea.

* *Pérdida de rango:* alteración fónica que usualmente disminuye la emisión de tonos altos.

Los factores más influyentes en el origen de una patología vocal son:

a) *Predisposición constitucional:* enfermedades infecciosas y sus secuelas, rinitis, sinusitis, adenoiditis, alergia, asma, y también trastornos endocrinológicos, cardiovasculares, etcétera.

b) *Predisposición psíquica:* individuos que actúan bajo gran presión permanente, tanto en el hogar como en el trabajo.

c) *Causas ambientales:* lugares insalubres, con mucho polvillo, mala acústica o ruidos provenientes del exterior, cambios de temperatura (pasarse de una habitación fría a una cálida) .

d) *Causas ocasionales,* que se convierten en factores

irritativos, como el uso inmoderado del tabaco y del alcohol.

Es frecuente confundir *disfonía* con *laringitis*. Si bien tienen similar sintomatología, la primera deviene de un abuso vocal.

La segunda implica una inflamación de la laringe por causas virales o bacterianas.

Otra patología son los *nódulos* (constituidos por la reproducción de las células de cobertura de tejido conjuntivo edematoso —callos— que se forman sobre el borde libre de las cuerdas vocales). Hay que tener presente que, en general, éstos suelen ser inespecíficos en cuanto a su génesis. Pueden retrogradar o permanecer, y no siempre necesitan ser extirpados quirúrgicamente, ya que un eficaz tratamiento foniátrico, en buen porcentaje, los hará desaparecer.

De todas maneras hay que tener presente que *siempre* deben ser evaluados por especialistas (otorrinolaringólogo), quien definirá la conducta a seguir acorde con la evolución y características que tenga el nódulo.

Cuando el trastorno vocal es avanzado, el dolor en la zona laríngea se hace más intenso. Las *cuerdas vocales* se vuelven edematosas y congestivas, mientras que la voz —que hasta el momento no presentaba modificaciones objetivas— se hace velada, a veces bitonal, con la tesitura desplazada hacia tonos graves y va empeorando cada vez más hasta resultar insuficiente para la profesión.

Es fundamental que quien trabaje con la voz recurra al menos una vez al año al otorrinolaringólogo para un examen laríngeo con laringoscopia para visualizar cuerdas vocales, y estar asesorado por un/a foniatra para realizar ejercicios que prevengan posibles disfunciones, y así bajar el alto porcentaje de profesionales que padecen trastornos (el 64% de los docentes sufre problemas con su voz).

Para prevenirlos, se reproducen algunos consejos brindados por el *Centro para Desórdenes de la Voz de la Universidad Wake Forest* de EE.UU.:

* Evitar:

a) hablar abusivamente cuando se padece disfonía,

b) cantar o hablar en lugares muy ruidosos,

c) hablar fuera del rango de voz habitual (recordar que *hablar no es gritar*),

d) la deshidratación (beber abundante líquido cuando las temperaturas sean elevadas),

e) el autotratamiento de las afecciones a través de la ingesta de antihistamínicos, sprays anestésicos o cualquier otro fármaco sin supervisión médica (esto puede llevar a "ocultar" los síntomas y hacer que la patología avance).

* Humedecer la habitación, especialmente en invierno.

* No fumar (el cigarrillo es *adictivo* y provoca, además de *afecciones en la laringe, cánceres escamocelulares del tracto aerodigestivo superior, supraglóticos, y de pulmón, enfisemas y enfermedades cardíacas*).

* Minimizar el consumo de bebidas que contengan *cafeína*.

* Mantener los músculos del cuello relajados para no forzar la laringe.

* Realizar ejercicios de respiración y modulación supervisados por especialistas.

* Cuando la disertación sea muy extensa, beber un sorbo de agua cada cinco minutos.

La voz no se gasta. Se la usa correcta o incorrectamente.

Existen voces con poca fuerza, débiles, cuya constitución anatómica impide que se proyecte con fuerza.

Existen distintos ejercicios para extender el rango de emisión. Uno de ellos consiste en:

Relajarse. En tono bajo, y en forma atonal, decir la palabra *"paredes"*, prolongando las vocales. Luego repetirla en un tono más elevado.

Reiterarla tantas veces como tonos se pueda alcanzar, mientras también se incrementa el volumen de voz. Apenas se note fatiga, detener el ejercicio.

En lo que respecta a la *impostación* de la voz, es adecuado consultar con un/a foniatra, quien seguirá el proceso, y evitará problemas serios si se aplica una técnica inadecuada.

Es posible que mientras se expone oralmente, alguna flema de origen alérgico, o como consecuencia de algún resfrío, obstruya el canal laríngeo. Si esto ocurriera, sacar más volumen de voz (o sea más aire). Si no se logra destaparlo con este procedimiento, apélese al último recurso aconsejable: toser.

El patrón de voz es como una huella digital. Hasta hace poco tiempo era imposible realizar esta aseveración. Los espectrógrafos utilizados, por ejemplo, para autentificar que la voz pertenecía a un acusado, en un juicio, no eran tan exactos como lo son las nuevas tecnologías de computación.

Un experimento realizado con nueve hablantes y más de cuatro mil radioescuchas estableció que se podía estimar, a través de la voz, con *mucha precisión*, la edad del hablante y el sexo; con *poca precisión* el lugar de nacimiento; y con *sorprendente precisión* la ocupación, clase social y nivel intelectual del hablante. Sobre esto último, experiencias posteriores demostraron que los oyentes reconocen el estatus dentro del primer minuto, y que dichos interlocutores gozaron de *mayor credibilidad.*

Entre las nueve profesiones representadas en la experiencia, el actor y el sacerdote fueron los más identificados.

Se observó que algunos patrones que requerían personal para ejecutar trabajos pensados a priori para hombres, como cargos de relación con personal, tomaron mujeres cuya voces no respondían al estereotipo tradicional femenino.

A medida que la edad avanza, la voz se vuelve más aguda, debido a cambios físicos y de tensión, siendo las mujeres quienes menos modifican la textura.

A través de la voz también se perciben los estados emocionales. En una *experiencia vocal* realizada con actores y locutores ante un auditorio compuesto por estudiantes de psicología y sociología, se dedujo que la cólera fue identificada por el 63% de los casos, el orgullo fue detectado por el 20%, la alegría y el odio obtuvieron los más elevados aciertos, y la vergüenza y el amor fueron de muy difícil reconocimiento. El temor se confundió con la agitación nerviosa; el amor con tristeza; y el orgullo con la satisfacción. Quintiliano exigía *"una voz expresiva, sana, amable, clara, limpia, penetrante y que dure en los oídos".*

Lograrlo requiere un *gran entrenamiento.*

Capítulo 2

Técnica de expresión oral: vicios elocutivos más comunes

Nosotros utilizamos el castellano o español, nacido hace mil años, que en el siglo XVI pasó a América con los conquistadores y hoy es hablado por más de 200 millones de personas en la península ibérica, norte de Africa, y desde el sur de los Estados Unidos hasta la Antártida, excepto Guayanas y Brasil.
Como podrá verse, es una lengua muy extendida geográficamente, con muchos dialectos y acentos en el hablar. Es por ello que se desea aclarar que los vicios expresados a continuación son considerados como tales, en su totalidad, en la Argentina, particularmente en la zona del Río de la Plata, y parcialmente en el resto del país, y algunos países de Sudamérica.

Finales caídos

¿Se sabe respirar correctamente?
Pero, *¿es que hay que saber respirar?*, muchos se preguntarán.
La respuesta es *sí*.

Muchas personas, al inspirar, llevan el aire a la parte torácica (respiración clavicular). Este mecanismo adquirido ocasionará que, cuando se hable o se lea, el aire "se esfume" con más prontitud.

Cuando las últimas palabras prácticamente son inaudibles, debido a la falta de aire, se llama *"caída de finales"* o *"finales caídos"*.

En la práctica profesional suele darse con asiduidad. Por ejemplo, si el director de la empresa debe exponer a los accionistas un informe, y en el párrafo final del discurso dice:

—*"Por lo que se deduce que este directorio, para alcanzar los porcentajes descriptos, hizo un gran esfuerzo"*.

Si se comete el vicio de *"caída de finales"* en la frase subrayada, se quitará la fuerza que debería tener el discurso.

Para optimizar el manejo del aire, se comienza por inspirar profundamente. En lugar de *"inflar el pecho"* (respiración torácica), se llevará el aire al abdomen (respiración costoabdominal o diafragmática). Luego de algunos segundos, espirar lentamente todo el aire.

Reiterar el procedimiento diez veces. Un tiempo adecuado de respiración es de treinta segundos (colocar la palma extendida a diez centímetros de la boca, y soplar suavemente).

Uno de los "síntomas" de quienes mienten consiste, precisamente, en una baja de volumen en la últimas palabras, producto de la tensión. Por lo tanto, emitir el sonido fónico hasta el último fonema hará más efectivo y *verosímil* el discurso.

Esdrujulización

La palabra esdrújula es aquella que se acentúa en la antepenúltima sílaba (ej.: *sístole, piélago*), y sobreesdrújula la que lleva acento en la sílaba anterior a la antepenúltima sílaba (ej.: *entrégamelo*).

La *"esdrujulización"* consiste en hacer esdrújulas palabras que son graves (se acentúan en la penúltima sílaba), o agudas (se acentúan en la última sílaba).

En la práctica elocutiva, es muy común que la *esdrujulización* suela estar acompañada de "golpes" en las palabras mal acentuadas.

Este vicio es típico de personas con *personalidad autoritaria*.

En el siguiente ejemplo, la letra subrayada corresponde a la acentuación dada por el orador que comete esdrujulización: *"La Mu̱nicipalidad ha co̱nvocado a las autoridades gu̱bernamentales para revocar la medida cuanto antes"*. Si se lee esta frase "golpeando" las vocales subrayadas, notará cuán agresivo puede ser el discurso.

A continuación léase la frase corregida, acentuándola correctamente:

"La Municipalida̱d ha convoca̱do a las autoridades gubernamenta̱les para revoca̱r la medida cuanto antes". *La diferencia es significativa*.

Evítese cometer este vicio que impone un especial autoritarismo al discurso.

Yeísmo

Mucho se ha discutido sobre qué es realmente el

yeísmo, ya que suele llevar a confusión debido a ciertas dicotomías semánticas.

Para la Real Academia Española es la pronunciación de la elle por ye diciendo, por ejemplo: *cabayo* por *caballo*.

En la zona del Río de la Plata, existe un vicio que consiste en darle a la letra ye la entonación sh (inglesa). Por ej.: *pashaso* por *payaso*. Como no existe el término en castellano para determinar este vicio regional, en algunos institutos de enseñanza de expresión oral se le llama, al segundo ejemplo, también "yeísmo"

Para saber si se pronuncia correctamente la letra *ye*, tóquese la garganta. Si vibra, la entonación es correcta ya que este fonema es audible, y *no* silencioso *(sh)*.

Antes de continuar se desea expresar que no es intención de este autor erradicar los regionalismos, que otorgan un especial significado a quienes los utilizan, arraigándolo a su lugar de origen (en algunas provincias argentinas se pronuncia la letra *ll* como *i* —cabaio por caballo; "S" espirada —la -espira-armas por *las armas*; "R" arrastrada— *yastro* por *rastro*, etcétera).

Desde el punto de vista elocutivo, la marcación acentuada del yeísmo le otorga al discurso un sonido desagradable. En el ejemplo siguiente se cambiaron las letras *ll* y *ye* por *sh*. Léalo en voz alta para comprobar lo expuesto:

Sho shegué recién. Los shushos y la shuvia ensuciaron mi ropa. Sho sabía que shegarías shorando.

Se reitera: la *ye* tiene un sonido fónico.

Si este vicio es muy pronunciado, tomar palabras que comiencen con las letras *ll* o *y*, y leerlas anteponiendo las letras *dj* (como en la fonética inglesa). Ej.: *djuvia* por *lluvia*; *djavero* por *lla-vero*; *djeso* por *yeso*; *djora* por *llora*; *djama* por *llama*.

Práctica:

Ayer	Yaba
Eyectar	Yaca
Ayuno	Yaguar
Hoyo	Yanilla
Ayuda	Yarda
Ahuyentar	Yelmo
Huyó	Yerba
Oyente	Yesería
Obyecto	Yezgo
Leyenda	Yogur
Tuya	Yola
Trayecto	Yuca
Fuyivara	Yucatán

"S" sibilante, seseo, ceceo, "R" gangosa

Estos vicios, también llamados *"elocutivos patológicos"*, o foniátricos, requieren tratamiento profesional.

"S" sibilante es cuando se pronuncia esa letra con un silbido, a veces débil; otras, acentuado.

El *seseo* es la pronunciación exagerada de la letra *"S"*. Por ejemplo: *sssi ssseñor. Sssabía la resspuessta*. Este vicio se corresponde con el de prolongación de consonantes, que se tratará más adelante.

El *ceceo* es la pronunciación de la letra "Z" por "S". Por ejemplo: *zi zeñor, el zabio eztá zentado*.

La *"R" gangosa* (o francesa) es la pronunciación de la letra *"G"* o *"GU" más la vocal*, en lugar de la letra *"R"*. Por ejemplo: *guitaga por guitarra, gatero por ratero, guemo por remo*.

Fusión de vocales

Este vicio, muy frecuente en oradores que hablan *velozmente*, consiste en *fundir* la última vocal de una palabra con la primera de la siguiente, o dentro de una palabra. Por ejemplo: *LArgentina por La-Argentina; locultó por lo-ocultó, lenseñó por le-enseñó, procupación por preocupación, raccionar por reaccionar*. Incluso, a veces, modifica el significado, por ej.: *azar y azxhar* (azahar).

Solución: hablar más pausadamente, de manera de pronunciar *todas* las vocales *(vocalizar)*.

Alargamiento de consonantes

Para remarcar un concepto, o durante una presentación, muchas personas intensifican la pronunciación de las consonantes. Por ejemplo: —*"Tengo el gggusto de dirigirrrme a ustedes"*, o *"rrrealmente, estamos convencidos, que es muy imporrrtante la relación que se establezca..."*. Háblese naturalmente, evitando esa sobrepronunciación que deriva, generalmente, en sobreactuación.

Articulación cerrada

Se produce cuando quien expone no abre lo suficiente la boca (labios y mandíbulas). Es como si se expusiera adormecido. Las palabras salen *apagadas, sin vida*. Esto afecta los matices y, por no entenderse muchas veces qué se dice, sobreviene la desatención del oyente. Para corregirlo realícese las praxias orofaciales de las págs. 32-33.

Articulación blanda

Articular una palabra implica *pronunciar cada letra* correctamente. Para graficar la explicación, hay que *"morder"* el vocablo.

El vicio *"articulación blanda"* ocurre cuando el orador se apura al exponer, y se le "patinan" las letras.

Pero, además de ser más entendible las palabras del orador, ¿cuál es el objeto de tener una correcta articulación? Hace tiempo, una empresa selectora de personal ejecutivo hizo un test de evaluación a una veintena de aspirantes a un cargo ejecutivo para una importante empresa de productos farmacéuticos. Cada uno de ellos fue grabado por una cámara de televisión, para su posterior evaluación, mientras leían un discurso. Varios fueron descartados antes de examinar el video. ¿La razón?: algunos pronunciaban la "X" como "C" o "S", y decían: —*Las enfermedades sesuales* (por se**x**uales), *eselente* (por e**x**celente) ; otros *convertían* las letras *"NS"* en *"S": la istitución* (por la i**ns**titución), *costituido* (por co**ns**tituido) y varios "deslizaban" algunas letras: la *istitu***cia***lización de la* **eti***dá,* por la ins-ti-tu-cio-na-li-za-ción de la enti-dad, *ac***tua***liación de la me***to***logía* por ac-tua-li-za-ción de la me-to-do-lo-gí-a.

Y frente a dos individuos, con igual capacidad cognitiva, pero uno expone correctamente y el otro no, bueno..., es obvia la elección.

Existe en nuestra sociedad un prejuicio de incultura para aquellas personas con *articulación blanda*. Y hasta a veces, injusto por cierto, se cree que aquel que habla correctamente, con una excelente dicción, es culto... y hasta dice la verdad.

Para corregir este vicio se comienza por *"morder"* las palabras; tomar un diccionario y extractar aquellas de difícil pronunciación. Si alguna resulta difícil de leer a primera vista, separarla en sílabas y repetirla cinco veces.

Otro recurso es la lectura hiperlenta de un texto, pronunciando exageradamente cada vocablo.

A continuación hay una serie de palabras para que practique. Téngaselas en cuenta antes de un discurso. Servirán para *"calentar las mandíbulas"*.

Práctica articulación - vocalización

Extenuado - espacioso - dicroica - isntrucción - miscelánea - asco - aspiración - teclear - emancipación - mampara - beatífico - oleada - anorexia - seseo - Yapeyú - yeso - exceso - homeopatía - Asia - consecuente - dicción - asociación - yuyo - descontracturación - alcahuete - sincerar - obturador - obtuso - inspección - diptongo - construcción - anexo - Ruiz Huidobro - exacto - travesía - aseo - lluvia - llavero - municipalidad - creacionismo - broncoscopio - diaguitas - diagonal - Eslovaquia - apirexia - butirómetro - ojear - descarburación - erubescencia - dicotiledónea - eritroxiláceas - eólico - centellear - proscripto - ñoñería - usufructo - coordenadas - herrumbroso - justipreciar - imperceptible - resquebrajar - enclenque - iniquidad - zarrapastroso - feudatario - sonroszo - subterfugio - sieteñal - tientaguja - ungüentario - quiliárea - vascófilo - perecedero - venereología - tomaína - dilapidación - vegetarianismo - sudsudoeste - remedar - enurofibromatosis - área - bronquiectasia - osteomielitis - nictalopía - circunspecto - yo - destornillador - críptico - jamaiquino - matrerear - narbonaerense - azar - azahar - constitución - alteraciones - inspector - neón - ciudad - arsénico - especulativo - Sahara - oasis - padrastro - tercerización - casuística - oráculo - especificaciones - posibilidad - incompatibilidad - formatear - troglodita - héroe - tendedero - deletrear - piromaníaco - anverso - tenebrosidad - aspas - maniobrabilidad - agujero - agujerear - ahuyentar - usufructuario - descerebrar - escenificación - truhán - petróleo - rastrojos.

Muletillas (pausas rellenas)

Vicio muy frecuente en personas *ansiosas, nerviosas, inseguras,* o también usadas por *conveniencia* (ganar tiempo).

Ellas son: el "bueno" cuando se comienza la oración, o su reiteración excesiva durante la elocución; el *"estee"*; *"eeee";"o sea"*; la prolongación de las vocales en determinadas palabras: *"cuandooo fuimos al campo"*, *"laaas montañas deeee América"*; la reiteración de algunas palabras: "compartir *esta, esta, esta,* idea", "encierro" de una palabra con la repetición de otra: *"fuimos al cine, fuimos"*.

Hay oradores que usan la muletilla *"¿M?"* luego que expresan un concepto, dando la sensación de pedir aprobación por lo que se dijo.

Es recomendable que el lector ponga atención a este vicio que desluce sobremanera el discurso hablado. La precisión de las palabras (*articulación* y *vocalización*), y el uso de silencios, ayudarán a corregirlo.

Deglución de consonantes

Decir la palabra *árboles no es* igual que pronunciar *árbole*. *"Comerse las eses"* es uno de los ejemplos más comunes.

Con la letra *"D"* sucede algo similar: *autoridá* por *autoridad*, *usté* por *usted*, *facultá* por *facultad*, *sinceridá* por *sinceridad*.

Muchas veces, dentro de una palabra, se obvia la *"C"* (*patado* por *pactado*), la *"X"* (*sesual* por *sexual*), la *"P"* (*exceto* por *excepto*) ; la *"B"* (*asoluto* por *absoluto*), y la *"T"* (*amósfera* por *atmósfera*).

Cierta vez se escuchó a una importante personalidad académica expresar su disconformidad con esta exigencia ya que, adujo, cotidianamente todas las personas modifican el lenguaje y lo abrevian, haciéndolo más práctico.

El primer error consiste en la generalización, ya que *muchas personas se ocupan de mejorar su dicción* para poder *influir*, y ser *mejor entendidas*.

En cuanto a la practicidad que aparentemente otorga la abreviación en la pronunciación de las palabras, el término adecuado es *comodidad*, ya que los fonemas están para ser *pronunciados todos* y no sólo parte de ellos.

Anexión de consonantes

Dijistes, vinistes, escuchastes, escúchenmen, sálvenlon, son muy frecuentes en el vocabulario de muchas personas. Si no se percata por sí mismo de este vicio, dígase a alguien de confianza que le advierta el momento en que se comete.

Debe atenderse a que vicios como los expuestos no son

bien considerados en entrevistas laborales, sobre todo para aquellos trabajos donde se hace necesario el uso de la *palabra hablada* (recepción, ventas, telemarketing, etcétera).

Vicios expresivos

Son los relativos a la *forma* con la que se expresa una frase.

a) *Exposición cortada:* cuando el orador está inseguro o nervioso suele aplicar un silencio entre cada palabra, generando un discurso monótono y trabado. Para corregirlo, comenzar por unir las palabras que definen conceptos breves, y hacer un silencio luego de haberlos expresado totalmente.

b) *Expresión veloz:* el cerebro humano tiene una capacidad muy limitada de retención (entre 125 y 190 palabras por minuto, que es la velocidad de una conversación normal). Si se expone más velozmente, se correrá el riesgo de que el oyente no comprenda (sobre todo si es una explicación académica), además de cometerse muchos de los vicios elocutivos expresados anteriormente. Además, téngase en cuenta la posibilidad de que haya oyentes extranjeros, que requieren más tiempo de comprensión.

c) *Velocidad segmentada:* es una variante del vicio de "expresión veloz". Consiste en leer apresuradamente una frase o palabra extensa, "ametrallando" oraciones o vocablos, e interponiendo silencios en cualquier sitio de la exposición.

d) *Declamación entrecortada:* es cuando se presenta o se expone como si se estuviera haciendo una arenga, *golpeando* algunos términos e interponiendo silencios entre cada uno de ellos *(exposición cortada)*. Ser natural es la mejor actitud que se puede adoptar para evitar esta *sobreactuación*.

e) *Expresión cantada:* subidas y bajadas bruscas de tonos, con matices infantiles (como si se estuviera leyendo un cuento en un jardín de infantes). En este caso especial, se practicará lectura plana (sin matices).

Praxias orofaciales

Ejercicios foniátricos para optimizar la vocalización y articulación (10 veces cada uno).

Labios

Fruncir labios juntos.
Propulsión con labios separados.
Abrir y cerrar labios con dientes en mordida.
Lateralización de labios: llevar labios unidos hacia la derecha e izquierda.
Morder alternadamente labio superior e inferior.
Superponer alternadamente labio superior e inferior.

Mejillas

Inflar ambas mejillas.
Inflarlas alternadamente.

Lengua

Entrarla y sacarla de la cavidad bucal.
Moverla hacia los laterales, y hacia arriba y hacia abajo.
Con el ápice tocar el labio superior e inferior.
Girarla alrededor de la arcada dentaria superior e inferior.

Mandíbula

Elevación-descenso.
Movilizar hacia uno y otro lado.
—Decir en forma áfona A-E-A-E/ O-U-O-U/ A-U-A-U.

Resumen

Vicios elocutivos

* Finales caídos
* Esdrujulización
* Yeísmo
* "S" sibilante
* Seseo
* Ceceo
* "R" gangosa
* Fusión de vocales
* Alargamiento de consonantes
* Articulación cerrada
* Articulación blanda
* Muletillas

* Deglución de consonantes
* Anexión de consonantes

VIcios *expresivos*

* Exposición cortada
* Expresión veloz
* Velocidad segmentada
* Declamación entrecortada
* Expresión cantada

Capítulo 3

Silencios - Tonos - Matices

Si bien el lenguaje escrito y el oral tienen similitudes entre sí, importantes detalles afloran a la hora de destacar las diferencias. Los *silencios, tonos y matices* son las principales.

Silencios (pausas no rellenas)

En el lenguaje *oral* sirven para *respirar; pasar de un tema a otro; dividir ideas dentro de un discurso; crear climas; y expresar emociones* (como el de disgusto, de miedo, de amor). La ayuda que aporta el lenguaje escrito son los signos de puntuación pero, a veces, para crear climas u otra circunstancia que el orador considere conveniente, se necesitará marcar más específicamente los *silencios*. Para ello se recomienda la aplicación de la técnica de las barras (dos barras // = dos segundos mentales; tres barras /// = tres segundos mentales).

Si se lee sin respetarlos, se acarrearán algunos vicios que deslucirán la *forma* de lo que se dice: *caída de finales* (en cualquier sitio de la exposición); *velocidad en la lectura* (que ocasionará *articulación blanda*); y *ausencia de matices*.

Ejercicio: Lea el siguiente texto tratando en voz alta de hacer silencios donde aparecen las barras previas a los signos de puntuación:

A esta hora// la ciudad respira los perfumes etílicos de algunas almas en pena///. Los habitantes del piso catorce paladean el mismo aire que respiró Pitágoras///. Un desvelado deshizo un mal pensamiento con una sonrisa que nació desde la nada///. Sí// desde la nada.

Para complementar el ejercicio, grábese. Primero léalo sin silencios, y luego aplique la *técnica de las barras*. La diferencia será significativa.

En oratoria existen dos *silencios* importantes: el *inicial*, antes de exponer; y el que se ubica *entre el desarrollo* y el *cierre* de un discurso.

El *primero* será el motivador que, por efecto de contagio, hará que el auditorio ponga atención a las primeras palabras del orador *(expectativa inicial)*.

Hay quienes marcan en sus apuntes estos momentos, como por ejemplo *"cerrar los ojos"*, como dando la sensación de estar meditando, para señalar un *silencio premeditado*.

Evítese el uso excesivo de pausas no rellenas (de 4 a 7 segundos). Una investigación demostró que los oyentes de un hablante que utilizó demasiados silencios lo percibieron como ansioso, colérico o despectivo.

Un correcto manejo del aire, y la aplicación planificada de los silencios, hará que el discurso sea más *efectivo*.

Tonos y matices

Se llama *"exposición plana"* todo acto elocutivo falto de *tonos* y *matices* (la monotonía disminuye la comprensión en más del 10%).

Tonos: constituyen la *"música"* que debe tener todo relato, y van desde *agudos a graves*, en sus extremos. Recordar: en las *comas subir el tono; en puntos finales, bajarlo*.
En descripciones donde hay numerosas comas, se tratará de *subir* y *bajar los tonos* (descripciones).
En el siguiente ejemplo de El hombre mediocre, de José Ingenieros, levante el tono cuando aparezca la barra con inclinación hacia arriba; y bájelo cuando la barra se incline hacia abajo:
..."*Los hombres rebajados por la hipocresía viven sin ensueño\, ocultando sus intenciones/, enmascarando sus sentimientos\, dando saltos como el eslizón\; tienen la certidumbre íntima/, aunque inconfesa\, de que sus actos son indignos/, vergonzosos\, nocivos/, arrufianados\, irredimibles*"...

Matices: Matizar una palabra implica darle una *intencionalidad*, una *interpretación*.
Cuando un locutor vende un producto, no basta con decir, por ejemplo, *"esta lapicera es la mejor"*, de manera atonal y desanimada.
¿Qué palabra define la calidad del producto, y por ende la *influencia* para la compra?: el *adjetivo*. Detécteselo para interpretarlo, y así *matizar* el discurso.
El día que se pide permiso al jefe para retirarse del trabajo (también usado por alumnos para retirarse de clase), se suele decir: —*"Permítame ir a casa. Me siento*

descompuesto". El vocablo *descompuesto*, ¿se lo dice sonriendo; o se lo expresa con lamento, denotando cierto malestar?

Por lo tanto, cuando se exponga oralmente, téngase en cuenta otorgarle *intencionalidad* (matices) a los *adjetivos*.

También algunos *verbos* (ej.: asesinar) y *sustantivos* (ej: *hipocresía*), ayudan a *"dar fuerza"* al discurso. Véase el siguiente ejemplo: en un juicio oral, si un abogado lee su alegato y dice: —*"Las pruebas aportadas por la fiscalía son insuficientes. Mi cliente es inocente"*, debe concentrarse en los adjetivos *insuficientes* e *inocente*, y darles *intencionalidad* cuando se los dice.

La *dramatización* tiene un efecto interesante en las personas: al modificar el comportamiento, también se cambia el sentimiento.

Y el sentimiento cambia el pensamiento.

Quien tienda a la depresión e intente comportarse como un optimista, es probable que al cabo de un tiempo disminuya su estado de negatividad.

Edward De Bono expresa: *"El jugar a ser otra persona permite que el ego trascienda la imagen restrictiva que normalmente tiene de sí mismo"*.

El comportamiento cambia el sentimiento, el sentimiento cambia el pensamiento.

A continuación trate de *interpretar* las siguientes palabras en voz alta:

Adjetivos

        lindo   improcedente
        feo   maravilloso
        culpable   tonto

inocente   agradable
pecaminoso   inútil
triste   grande
viejo   despreocupado
nuevo   misterioso
aterrorizado   tranquilo
vergonzoso   agresivo
prestigioso   arrogante

Sustantivos

muerte   sonrisa
fobia   alegría
violador   tristeza
amante   tonto
guerra   paz

Verbos

enseñar   amedrentar
torturar   intimidar
engañar   traicionar
contemplar   admirar
minimizar   explorar

La aplicación de *matices* en un discurso requiere de un especial sentido común ya que, cuando se toca una temática demasiado técnica, su uso puede resultar algo desubicado.

En cambio, la utilización de los *tonos* es *indispensable* en toda exposición oral.

Las señales vocales conllevan, en sí mismas, asociaciones ligadas con emociones. El siguiente cuadro muestra las características de volumen, tono, timbre, velocidad, inflexión, ritmo y elocución de diferentes estados afectivos (se aclara que siempre habrá excepciones con respecto a los siguientes datos):

Estado Afectivo	Volumen	Tono	Timbre	Velocidad	Inflexión	Elocución
Afecto	Suave	Grave	Resonante	Lenta	Firme Arriba	Ligada
Cólera	Alto	Agudo	Brillante	Rápida	Irregular Abajo	Cortada
Aburrido	Bajo	Grave	Resonante	Lenta	Monótona	Algo ligada
Jovialidad	Alto	Agudo	Brillante	Rápida	Arriba Abajo	Irregular
Impaciencia	Normal	Agudo	Brillante	Rápida	Arriba	Entrecortada
Alegría	Alto	Agudo	Brillante	Rápida	Arriba	Ligada
Tristeza	Bajo	Grave	Resonante	Lenta	Abajo	Ligada
Satisfacción	Normal	Normal	Resonante	Normal	Arriba	Algo ligada

Además de la corrección de vicios y la aplicación de matices, el lector debe tener en cuenta, para una exposición oral efectiva, la:

Concentración

Esta tiene una aliada imprescindible, que debe ponerse en práctica antes que nada: la *relajación*. Lograr concentrarse en la distensión muscular incidirá directamente en el bienestar mental, para enmarcar así el tema de la elocución *"limpio de impurezas"*.

Muchas veces se es víctima de uno mismo: se prepara cuidadosamente el discurso pero, a la hora de exponer, preocupaciones, ideas errantes u olvidos sorpresivos atentan contra los sentidos, y sobreviene la *desconcentración*.

Existen varios métodos de relajación. El que se detallará, no sólo es apropiado para graduar mejor el aire durante la disertación y optimizar la concentración, sino también es conveniente para calmar estados de ansiedad:

Ubicarse en un lugar libre de ruidos. Usar ropa suelta.

Si se acuesta, hacerlo de espaldas, y colocar almohadas para apoyar la curva del cuello y de las rodillas.

Si se va a estar sentado, asegurarse de que la columna se ubique en una curva natural, con la cola apenas salida.

Cerrar los ojos e inspirar todo el aire que se pueda por la nariz.

Luego espirar. Repetir este ejercicio diez veces. Luego concentrarse en el pie derecho. "Sentir" cómo se relajan los músculos de los dedos.

Lentamente "pensar" en la pierna derecha. Relajarla.

Cuando los músculos estén totalmente distendidos, repetir el ejercicio con el pie y pierna izquierdos.

Luego de relajar las extremidades inferiores, continuar inspirando y espirando.

Concentrarse en la mano derecha. Los dedos se sentirán pesados. Luego se irá relajando el brazo derecho. Repetir el mismo mecanismo de concentración-relajación con el brazo izquierdo.

Luego mover lentamente el hombro derecho en círculos y distender sus músculos. Repetir igual movimiento con el izquierdo.

Por último, concentrarse en el rostro. Los músculos de la cara comenzarán a distenderse. La inspiración y espiración profunda continuarán.

Una vez lograda la relajación corporal total, imaginarse una pantalla de cine blanca, intensamente blanca.

Lentamente irán apareciendo imágenes del lugar que se prefiera (un bosque, la orilla de un lago), donde se está sentado o caminando tranquilamente. Se oirá el trino de los pájaros y una leve brisa acariciará el rostro.

Disfrutar algunos minutos de este estado de bienestar.

De a poco las imágenes se irán desvaneciendo. Se reincorporará abriendo los ojos muy lentamente.

Recuerde consultar a un médico sobre los posibles efectos de cualquier ejercicio de relajación.

Existen numerosas técnicas para comprobar el grado de concentración y su tiempo de duración. Una de ellas consiste en tomar un periódico o revista, y tachar todas las letras "F" y "M".

Cada tres minutos, un observador corroborará cuántos

aciertos obtuvo. Al final del ejercicio de doce minutos, se compararán los aciertos de cada uno de los cuatro períodos. Esto permitirá la evaluación de los errores de los primeros minutos con los de los últimos, y cuándo aparece el estado de fatiga.

Algunas consecuencias de la falta de concentración son: la *tentación de risa* en oportunidades inadecuadas y el *olvido de nombres*.

La tentación de risa

Uno de los temas no muy tratados en círculos donde la retórica constituye un parte significativa del trabajo es... la *tentación de risa*, producida por *falta de concentración* y *nervios* que, ante un *factor detonante* (que no necesariamente puede ser humorístico), se manifiesta como carcajada incontrolable.

Antes de proseguir se desea expresar que la risa constituye uno de los mejores elementos para curar cualquier mal. Y está bien reír. Si es a carcajadas, mejor (hacerlo, provoca la segregación de una hormona llamada beta-endorfina, que mejora el bienestar mental).

Pero a veces el lugar y la ocasión no son los adecuados: velorios, misas, actos formales, fueron escenarios de esta incómoda situación.

Imagine: cierta día usted organiza un almuerzo para cerrar un negocio que será crucial para el crecimiento de la empresa. La comitiva de clientes está encabezada por el gerente general que, al ingresar, tropieza con la alfombra. En ese caso, la carcajada es el camino directo hacia el fracaso de la transacción.

Cierta vez, un locutor, víctima de una broma por parte de sus compañeros, echó a reír en medio de una noticia.

Como el operador no estaba en la cabina de transmisión (llamada también *"pecera"*), para cortar el micrófono y emitir la cortina musical, la tentación de risa fue escuchada por toda la audiencia de una importante ciudad del norte bonaerense.

La primera sensación negativa la tuvo mientras volvía a su hogar, cuando los vecinos lo inquirían con un indignante: ¿qué pasó? Incluso, una señora exclamó impiadosamente: "¡qué vergüenza!"

Eso no fue todo. Al día siguiente fue citado por uno de los directivos de la emisora, quien le informó que, cuando se rió, estaba leyendo una información relacionada con el Concejo Deliberante, y que en el momento de la *"explosión hilarante"*, nombró a su presidente, quien escuchaba el noticiario con sus compañeros de bancada. Indignado, el funcionario pretendía enviar una nota al Comité Federal de Radiodifusión para multar a la emisora.

Esto ocurrió porque el profesional leyó mecánicamente, *sin concentrarse* en lo que decía. El telegrama de despido llegó al día siguiente. Ya no habría otra tentación...

Es muy común ver cómo, en exámenes orales, muchos alumnos a los que *les va mal*, ríen. Tal vez muchos profesores piensen que se se burlan de ellos.

Además, este extraño fenómeno tiene, como el bostezo, un contagio inevitable. El mejor ejemplo fue cuando el Parlamento español no pudo eludir durante varios minutos la risa incontrolada.

Un hecho similar ocurrió en medio de una conferencia de prensa realizada en la Casa Blanca en oportunidad de la reunión cumbre entre de los presidentes de EE.UU. y

Rusia. Bill Clinton y Boris Yeltsin estuvieron más de cinco minutos sin poder hablar afectados por una "carcajada crónica".

Pero, ¿qué hacer ante esta situación que muchas veces distorsiona la comunicación interpersonal?

Existe un método de *prevención* bastante efectivo (nótese el término *"bastante"* y no *"totalmente"*, ya que dependerá de la capacidad de concentración).

Ahora mismo pensar y *anclar* en la memoria alguna persona que le desagrade o algún hecho vivido del mismo tenor. En el "momento clave", traerlo a la mente. La sonrisa podrá ser controlada.

Se reitera la importancia que implica erradicar la proclividad a la tentación de risa para evitar males mayores que atentan, muchas veces, contra cualquier posibilidad de encaminar un negocio o una relación social.

Olvido de nombres: ¿cómo se llamaba?

El nombre propio es la palabra más dulce. A punto tal que en técnicas de venta se aconseja reiterar dos o tres veces, durante una conversación de negocios, el nombre del cliente.

Como contraparte, su olvido puede ocasionar algunos inconvenientes. El interlocutor pensará que no se lo valora.

Este autor ha observado cómo cuando, por haberse traspapelado el llamado (a veces simplemente de salutación), de algún oyente, en la radio, éste volvía a llamar e indignado exclamaba: *"a mí no me nombró"*, sin siquiera hacer alusión al contenido del mensaje.

El motivo de no recordar nombres no se debe a dificultades para memorizar. Su causa es una *falta de atención* y de *concentración* en el momento de la presentación de una persona.

Poner atención es la primera regla.

Otra técnica consiste en repetir en voz alta el nombre. Si es de difícil pronunciación, reiterarlo hasta que quede "grabado".

Un método mnemotécnico propone *relacionar el nombre con elementos fáciles de recordar*, o algún *familiar* que se llame igual.

El presidente de un importante banco de Estados Unidos dijo, para graficar lo expuesto:

—*"El ejecutivo que me dice que no puede recordar nombres, me está diciendo que no puede recordar una parte importante de su trabajo, y está operando sobre arenas movedizas".*

Capítulo 4

Temor oratorio

Un padre, presidente de la cooperadora del colegio donde acudía su hijo, preparó detalladamente el discurso conmemorativo del primer centenario del establecimiento educativo.

Cuando anunciaron su nombre, se dirigió con pasos cortos, rápidos, hacia el centro del escenario. Las hojas de su discurso comenzaron a temblar (incluso una de ellas se escapó hacia la platea), y el sudor proveniente de la frente obnubiló su visión. Su respiración se volvió arrítmica, la camisa se pegó al cuerpo por el efecto adhesivo de la transpiración, y las palabras salieron de su boca tenues y separadas en sílabas.

Este fue un hecho real. Y lamentablemente muy frecuente.

Frente a un examen oral, una entrevista laboral, la exposición en una conferencia o en un simple discurso, se padece *temor*, *distrés* (energía negativa que provoca ansiedad y preocupación; en cambio el *estrés* es la fuerza positiva imprescindible para generar cambios beneficiosos).

La saliva se ausenta de la boca; si se está de pie, la pierna derecha comenzará a temblar; una inesperada tartamudez traducirá las palabras; las manos *llorarán lágrimas* de sudor, al igual que la frente, las axilas y la planta de los pies; los latidos cardíacos marcharán al galope; la presión arterial subirá varias marcas en el tensiómetro; y una tensión muscular que permitirá correr como de manera consciente no se lo hubiera hecho.

Es que la *inhibición oratoria* no discrimina: abogados, médicos, políticos, docentes, vendedores y todo aquel que ejerce la palabra hablada como parte de su profesión sufre, en mayor o menor medida, de este "virus".

El *temor* no está en relación con el número de oyentes ni con la calidad del auditorio.

Grandes oradores de la antigüedad, como Cicerón y el ateniense Demóstenes, lo padecieron.

La falta de conciencia y de comprensión de nuestra propia fisiología, psicología y naturaleza esencial, nos lleva a sufrir esta angustia.

Como decía un eslogan publicitario: *"Para solucionar un problema, se deben conocer sus causas"*. Ellas son:

Fisiológicas

Hay situaciones que están bajo control y otras que no. Igual ocurre con el manejo de determinadas funciones del organismo. No se puede controlar por la simple voluntad la sudoración, la absorción de alimentos en el tracto digestivo, la acción del páncreas, los latidos cardíacos, o determinado tipo de temblores corporales.

Es así que dentro del sistema nervioso, y recuérdese que el cerebro es una parte de él, puede ocasionarse frente a determinadas situaciones, particularmente *distrés*, sea físico o psíquico, la liberación de sustancias, entre otras la *adrenalina* y noradrenalina. Cuando pasa el peligro, el cerebro secreta otras sustancias que rebalancean la situación fisiológica previa, y de esta manera "calmar" y permitir la recuperación.

Excepto que se padezca un extraño desorden genético, donde el centro del miedo, en el cerebro, es envuelto por una capa de calcio, bloqueando así la habilidad para experimentar sensaciones de temor, nuestro cuerpo tiene una excelente capacidad de reacción ante hechos que requieran una postura de defensa corporal.

El sistema nervioso central no discrimina el tipo de peligro, por lo tanto reacciona igual cuando se está frente al público que cuando se es atacado físicamente.

En el momento en que detecta la agresión, la *adrenalina* proporciona una fuente extra de energía que, por ejemplo, si se tuviera una agresión corporal, otorgaría más fuerza defensiva.

El corazón palpita más aprisa, las arterias coronarias se dilatan (la adrenalina está considerada como un poderoso estimulante cardíaco), la vista se agudiza, las vías respiratorias se expanden, la sudoración aumenta para que el cuerpo se mantenga frío y los músculos utilizan más sangre estando así listos para la acción (defensa o huida).

Esta sintomatología se manifiesta frente al hecho de exponer ante un auditorio. Por falta de práctica o factores psicológicos, el cuerpo reacciona como si fuera atacado.

Desde el punto de vista médico, a la situación física que se desencadena antes del acto elocutivo, se prefiere la aplicación del término *distrés (estado de angustia)*, en lugar de miedo (más apropiado al aspecto psicológico).

Un deportista puede padecer *distrés*, pero no *miedo*. El *distrés* puede generarse ante un cambio de situación.

En un debate, por ejemplo, si alguien replantea una argumentación a través de una pregunta inesperada, ¿se tiene *miedo* al interrogante?

La primera reacción es un incremento de *tono adrenérgico* (aumento de la concentración de adrenalina en la sangre); en una segunda instancia, si no se sabe la respuesta, puede aparecer el *miedo*.

Técnicamente, una solución adecuada consiste en la *práctica sistemática* de *ejercicios de relajación*.

Causas psicológicas

Los científicos hallaron más de doscientos tipos de miedos.

Los más frecuentes son: miedo a las alturas (acrofobia), a los espacios cerrados (claustrofobia), a las serpientes (ofidiofobia), a los espacios abiertos (agorafobia), y el más común de todos: a *hablar en público*.

Aproximadamente el 11% de la población puede padecer alguno de ellos sin siquiera saberlo.

Gran parte del *distrés psicológico* internamente generado, que se manifiesta como angustia o temor, surge de la *autocensura*.

En un laboratorio de la Universidad de Yale se hicieron varios experimentos para buscar las causas del temor. Uno de ellos consistió en someter a una voluntaria a la *prueba de las lámparas*.

Consiste en colocar electrodos en todo el cuerpo, y poner frente a la persona un tablero con cuatro lámparas, tres de color rojo y una azul, en el extremo derecho. Se le dijo a la voluntaria que las luces se irían encendiendo de izquierda a derecha y que, al prenderse la luz azul, recibiría una descarga no dolorosa, pero sí incómoda. Se le colocaron auriculares y gradualmente se fueron encendiendo las lámparas. A medida que se iba acercando el turno de la de color azul, la presión arterial se incrementó y los latidos cardíacos se aceleraron. Al encenderse la luz azul, se envió un sonido similar al de una descarga eléctrica por los auriculares. La mujer se sobresaltó y luego expuso sobre lo dolorosa que había sido la descarga... a pesar de que ésta *nunca existió*.

La conclusión a la que se arribó con esta sencilla experiencia fue que la *expectación* que se tiene sobre un acontecimiento (la posibilidad de exponer ante un auditorio, por ejemplo), es un ingrediente muy *potente* para la generación del miedo.

Algunos de los pensamientos del *comunicador* que padece *temor:*

a) Creencia de que el público tendrá una actitud negativa, no pondrá atención al discurso y lo criticará ácidamente.

En realidad éste tiene una *sana expectativa* para con el *orador, espera que le vaya bien.*

Se debe pensar, porque realmente es así, que *el auditorio es el mejor amigo,* y como tal debe tratársele. Esto propiciará la comunicación y el "feeling" entre el orador y los oyentes.

b) Se presupone que, durante el discurso, algún detalle no saldrá como se tenía previsto y que ello conllevará al fracaso total. Algunos autores le llaman *pensamiento o-o* (por ejemplo: *¿sirvo para hablar en público, o no?, la exposición* *está saliendo bien o mal).* La mínima desviación de la perfección —el mínimo indicio de desinterés, desaprobación o enojo por parte de algún integrante del auditorio— puede ser interpretada como una señal de peligro.

Confiar que el *esfuerzo honesto* que demandó el armado de la exposición servirá al *crecimiento personal* o *intelectual* del auditorio constituye el elemento de apoyo para contrarrestar esta *autoexigencia exagerada. Sentirse útil* hace que muchos disertantes se vuelvan *naturalmente elocuentes.*

Incluso algunos, frente a un *furcio* (equivocación en la pronunciación de alguna palabra), se ponen nerviosos y se "enganchan" en ese error, suponiendo que se reiterará, ocasionando la consiguiente *desconcentración.*

Si ello ocurriera trátese de *proseguir naturalmente,* y *no pedir perdón* (excepto si se comete un error considerable como la incorrecta pronunciación de un nombre propio, o un dato importante), ya que muchas veces las *"trabas lingüísticas"* no son detectadas por la audiencia.

El nerviosismo previo a una exposición oral *es normal.* La *responsabilidad* que deviene del hecho de ejercer la palabra pública hablada genera, durante los primeros minutos, los síntomas descriptos. Pero con seguridad, luego de un breve lapso, el temor *desaparecerá.*

"Dar un nuevo paso, decir una nueva palabra, es lo que la gente más teme". Dostoievski

Técnicas de superación

1) *Elegir un tema de fácil exposición,* que podrá ser de la profesión que se ejerce o de la propia experiencia personal. *Saber de qué se va a hablar,* provocará una *actitud mental de*

apoyo que ayudará a superar los posibles impedimentos que ocasiona la inhibición oratoria.

2) *Preparar el discurso:* escribir, especialmente, las primeras y últimas frases. Hacer un esquema para que se pueda retener de tal manera que, con sólo concentrarse mínimamente, se lo pueda visualizar con claridad.

3) *Distensión-relajación:* relajar los músculos. Distenderse en el asiento antes de hablar. Hacer los ejercicios de respiración-relajación expuestos precedentemente, previo a su salida a escena.

4) *Mentalizarse positivamente: la acción está directamente relacionada con el pensamiento.* Frente al auditorio "sacar pecho" y ¡¡adelante!! Cuando se adquirió el compromiso de exponer en público el orador, como reza una expresión popular, "está jugado". Nunca pensar "no lo lograré". Sí, *"lo intentaré".*

Un refrán dice: "El desertor nunca gana. El ganador nunca deserta".

Algunos autores proponen implementar la regla de las tres *"P": P*ensamiento-*P*ositivo-*P*ermanente.

Las actitudes de huida, que se evidencian con los llamados *movimientos ambivalentes* (movimiento pendular corporal de izquierda a derecha, o de atrás hacia adelante), hará que el público desconfíe del disertante por su inseguridad manifiesta.

Al ingresar en el sitio de exposición, hacerlo erguido. Evitar los pasos cortos y apurados, que denotan nerviosismo; o los largos, que reflejan ansiedad. El andar debe ser *natural.*

También se debe atender a la corporalidad. Si se para inclinado hacia adelante, se dará la sensación de *inseguridad.* En cambio, la mayoría de los arrogantes llevan su torso hacia atrás (y el mentón hacia arriba). Esta postura generará *rechazo*.

Para una correcta posición, estética y técnica, llevar los hombros hacia atrás (erguido). Esto dará la impresión de *seguridad* y se podrá dosificar mejor el aire. Si se expone sentado, y la silla es giratoria, evitar el movimiento de un lado hacia otro mientras se diserta.

5) *No hablar de posibles problemas (pensamiento y-si):* si antes de exponer se comenta con amigos: *"y si comienzo a tartamudear"; "y si me mareo apenas comienzo a hablar", "y si me olvido de algunas partes del discurso"*, es posible que suceda, porque estas ideas de negativismo, pesimismo y preocupación se anclarán en el inconsciente. *Quien fija sus pensamientos en el fracaso, acaba creando más fracaso.* Es diferente admitir que se está nervioso ya que, como dicen algunos médicos, *"el solo acto de nombrar la enfermedad comienza a ser terapéutico"*.

6) *No mezclarse con el público antes de hablar, salvo excepciones:* esta actitud no se relaciona con la arrogancia o pedantería.

Muchas veces, intercambiar opiniones o recibir sugerencias de parte del auditorio condiciona al orador, y otras lo desconcentra. Un profesional sabe que *sólo* debe hablar con el organizador.

La excepción a esta regla la constituyen grupos humanos de contacto habitual, como los alumnos de una clase.

7) *Cambiar de emoción: existen dos opciones:* o se siente angustia, o se trata de *disfrutar* el momento, *con ánimo positivo*.

También se puede apelar *al recuerdo emotivo:* consiste en *recordar* algún momento de seguridad que se tuvo en el pasado, y tratar de revivirlo cuando aparece el temor.

8) *Evitar los estimulantes artificiales:* su consumo produce algunos estados de exaltación que provocan hiperactividad corporal, incremento en la velocidad de exposición (por lo tanto del riesgo de cometer vicios elocutivos), y a veces olvido de ideas o conceptos en un discurso.

9) No pretender gustarle a todos: los angustiados crónicos tienden a confundir la responsabilidad lógica que implica su exposición con el hecho de hacerse cargo de los sentimientos y actos ajenos. Es *imposible* satisfacer las expectativas de cada asistente. Saberlo y *concientizarlo* de antemano otorgará al orador más tranquilidad en su exposición.

Existen terapias específicas que complementan las técnicas expresadas precedentemente.

Algunas de las propuestas por C. J. McCullough y R. Woods Mann son las siguientes:

Terapia behaviorista: su objetivo es acostumbrar gradualmente a la persona a la situación temida *(entrenamiento de exposición)*, que puede llevarse a cabo en la imaginación o la realidad. De a poco, a través de esta *desensibilización sistemática,* el individuo descubrirá que puede acercarse cada vez al hecho temido (hablar en público), y meterse en la situación que hasta ahora le daba temor. Al final el miedo condicionado desaparecerá totalmente.

Terapia nutricional: el Premio Nobel, doctor Linus Pauling, sostiene que el cerebro necesita, para un óptimo funcionamiento, las siguientes vitaminas: tiamina (B-1) (contenida en la carne de cerdo, vísceras, pan, cereales enriquecidos o integrales, legumbres y nueces); ácido nicotínico o niacina (B-3) (hígado, carne de pescado, aves de corral, cereales, panes integrales y enriquecidos, legumbres); piridoxina (B-6) (carnes, hígado, pescado, porotos de soja y los vegetales); cianoco-balamina (B-12) (vegetales y legumbres); biotina (H) (vísceras, yema de huevo, leche, pescado y nueces); ácido ascórbico (C); y ácido fólico, y agrega que *"dado que todas las formas de distrés activan las defensas del cuerpo, es lógico que quienes cuidan de sí mismos se cercioren de incluir en sus dietas una provisión adecuada de las sustancias que ayudan al cuerpo a prevenirse y defenderse contra la enfermedad".*

Psicoterapia: Freud reconoció que los ataques de angustia, los miedos autodestructivos, la preocupación obsesiva y otras formas de angustia grave están conectados con las relaciones personales. En estos casos, la función del terapeuta será lograr que el paciente se acepte de una manera *incondicional* y *no crítica.*

"En todos los casos, repítase a sí mismo que nadie queda nunca libre del susto. Conviene tomar las cosas con filosofía."

Joseph Folliet

Capítulo 5

Improvisación - Discurso

Improvisación

En la vida, tanto personal como profesional, siempre habrá ocasiones en las que se tenga que exponer sin haber preparado de antemano lo que se va a decir.

A menudo se intuye que ello va a ocurrir, por lo que evítese frases del tipo *"no quiero hablar porque no vine preparado"*, o de similar tenor.

La *improvisación* puede darse en cualquier circunstancia, y radica en la exposición *sin preparación previa*.

Desde despedir a los novios de soltería hasta representar el sentimiento colectivo de su familia frente a las bodas de plata de alguno de sus integrantes.

¿Qué voy a decir?, ¿cómo hay que decirlo?, son preguntas que deben hacerse siempre que exista la posibilidad de improvisar.

Para comenzar se puede contar una *anécdota*, que es un hecho vivido y por ende es atractivo (especialmente en despedidas).

En cuanto al desarrollo, existe una técnica, llamada de la *idea central (o idea madre)*, para hacerlo de manera efectiva: consiste en memorizar las palabras *amor, patria, familia, vocación, amistad* y *lugar de trabajo*.

No existe ningún tema, excepto que sea técnico o científico, que no haga alusión a alguno de estos aspectos.

La técnica consiste en formar una *idea central* con la palabra que guarde relación con el tema de improvisación, y "vestirlo" con anécdotas, pensamientos o sentimientos. Por ejemplo, si el tema para improvisar fuera el *desarraigo*, se podría escoger como idea central la *familia* o la *vocación*:

Ej.: *"Jamás olvidaré el día de la despedida. Siempre fuimos una familia unida. Mi madre no lloró, como suponía podía ocurrir. Pero ambos sabíamos que valía la pena...".*

Otros ejemplos:

Tema	Idea central
La graduación	Amistad-Vocación
La democracia	Patria-Vocación
El exilio	Patria-Familia
La profesión	Lugar de trabajo-Vocación
Infancia	Familia-Amistad

Otro recurso es pensar en la *idea central final*. De esa manera se dirigirán todos los conceptos en esa dirección. Ej.:

Caso: Discurso de despedida. *Idea final*: agradecimiento por creación de puestos de trabajo/suerte nueva empresa.

—*"Casi dos años fueron suficientes para conocer a un ser humano excepcional. Recuerdo la primera vez que me recibió en su oficina.* —*Estoy a vuestra disposición, fue lo primero que expresó cálidamente. De allí en más fueron permanentes colaboraciones. Hoy, con más de medio centenar de puestos de trabajo creados por usted, queremos expresar nuestro agradecimiento por su esfuerzo, y desearle toda la suerte en su nueva empresa".*

Discurso

Antes de introducir al tema específico del capítulo, se recordarán, en resumen, algunos puntos técnicos.

Antes de exponer:

Relajarse: para ello inspirar y expirar diez veces, llevando el aire al abdomen.

Concentrarse: pensar firmemente en las ideas o conceptos y abstraerse lo más posible del entorno, sobre todo en los momentos previos a la exposición.

Articular y vocalizar las palabras: no sólo hará más entendible el discurso sino que, además, le otorgará verosimilitud.

Silencios: tener en cuenta, sobre todo, el inicial y el previo al cierre de un discurso (además de los propuestos por los signos de puntuación durante la elocución).

Partes del discurso

Los autores difieren en su número. Los más modernos y por experiencia profesional este autor da fe de ello, proponen dividirlo en tres partes:

Introducción o *exordio; desarrollo, cuerpo* o *medio;* y *cierre* o *peroración.*

* *Exordio:* Saber comenzar un discurso hará que el público atienda el resto de los conceptos, o no. Existe un refrán popular que reza: *"la primera impresión es la que* *cuenta"*. Considérese que *no existirá una segunda primera oportunidad.*

Por lo tanto: *preparar, sobremanera, el exordio.*

"El comienzo es más de la mitad del todo", Aristóteles.

Los exordios más usuales son:

1) *Exordio de impacto:* cuando el auditorio está en un estado de expectativa frente a un hecho conmocionante, y con una frase o una palabra el orador logra desencadenar un fenómeno de shock que incidirá en el ánimo colectivo.

Si un delegado gremial, luego de arduas tratativas con la patronal, le dice a sus compañeros de trabajo: —*"¡¡¡Ganamos!!!"*, logrará conmover al auditorio. Una palabra o frase encierra todo el contenido.

2) *Exordio progresivo:* se aplica cuando el orador se insinúa a un público que desconoce. Lentamente trata de establecer el *"rapport"*, de meterse en el alma de quien escucha. Ej.: *"Días atrás me informaron que daría una conferencia en esta facultad. Siempre me pregunté cómo sería exponer sobre Oratoria a alumnos de quinto año. Los veo, y no puedo dejar de expresarles el placer que tengo en hacerlo".*

3) *Exordio directo:* es cuando se anuncia el tema que se tratará y se pasa rápidamente al desarrollo. Ej.: *"He venido para aclarar todas las dudas planteadas en Dirección";* desarrollo.

4) *Exordio ampuloso:* usualmente se lo usa cuando ocurre un hecho excepcional (como la muerte de una autoridad política, militar o religiosa), y se usa excesivamente los adjetivos grandilocuentes. Ej.: *"Benditos han sido sus pasos, porque dejaron huellas imborrables. Su personalidad, como un cometa en el firmamento, esgrimió una estela brillante para las generaciones futuras. José Esteves nació en el año...";* desarrollo.

* **Desarrollo, cuerpo o medio:** En la confección de un

discurso adviértase que las ideas se concatenen unas con otras. Interrelacionarlas evitará que se pierda el *hilo conductor*. La *progresión cronológica* de la/s ideas o acontecimiento/s evitará la salida de tema. La utilización de este último recurso (ir de un tema a otro para luego volver al inicial) es muy habitual en oradores experimentados. La falta de práctica puede ocasionar la disipación de la atención del auditorio.

Si el *desarrollo* es extenso se lo puede estructurar en dos o tres partes.

* *Conclusión o peroración:* Compárese al discurso con un regalo. Imagínese que el contenido es el *desarrollo*. El papel brillante y de colores naturales que lo envuelve, el *exordio*. Pero... no se lo puede atar con hilo de algodón. Esa cinta roja brillante es la *peroración* bien estudiada.

Es común que muchos oradores inexpertos dejen librado a la improvisación el cierre de un discurso.

Se suelen utilizar frases estereotipadas, del estilo: *"como no tengo nada más que decir"* o *"bueno* (muletilla muy habitual), *como creo que los estoy aburriendo, daré por finalizadas mis palabras"*. Error. La *peroración* debe ser meticulosamente armada, estudiada, y su duración no debe ser mayor de dos minutos.

Si bien no se recomienda la memorización en la palabra hablada, se la *debería* utilizar en el *exordio* y en la *peroración* (*la primera impresión y el broche de oro*).

Se puede apelar a *citas, anécdotas, parábolas*. Si el contenido tiene carácter ideológico se puede exhortar a *seguir la idea*. Decir una frase de *humor* es un modo válido para distender al auditorio, pero debe atenderse a que quien utilice este recurso tenga *carisma*, ya que *el gracioso nace gracioso* (es tristemente desconcertante ver a oradores, excelentes profesionales en su área, cuando intentan hacer chistes y nadie hace siquiera una mueca de sonrisa).

Es importante que el orador escriba y lea usualmente todo tipo de texto, a manera de práctica, ya que esta costumbre enriquecerá el propio acervo cultural.

"La lectura hace completo al hombre, la conversación lo hace listo, y el escribir, exacto", Bacon.

Memorización del discurso: es mejor evitarla. La máxima es: *pensar en ideas, no en palabras.*

En un examen final oral, un alumno entrecortó una palabra, se detuvo, y exclamó con torpeza: —*"Uy, me salteé de renglón".*

Esta anécdota refleja por sí sola los inconvenientes de la memorización. Se reitera que se la puede aplicar, *con cautela*, en el *exordio* y la *peroración*.

En cuanto al proceso de memorización en el *auditorio*, un estudio realizado en Estados Unidos determinó que el *64% de la gente recuerda y acepta las ideas* después que éstas *se repiten seis veces*. En la oralidad es absolutamente lícita la reiteración de conceptos, *no* de palabras. La pobreza de vocabulario perjudica el desenvolvimiento del discurso.

"No busquemos palabras sino hechos e ideas, y copiosas vendrán las palabras no buscadas", Horacio.

Confección-redacción: palabras claves - redacción completa

\# *Palabras claves:* la utilización de este recurso está muy difundida en actos informales (despedidas, bienvenidas), donde pueden expresarse estados afectivos, y cuando se conoce profundamente el tema.

Consiste en escribir en un papel los puntos principales, y "vestirlos" mientras se expone. Sólo con bajar la vista un instante, se podrá seguir el hilo del discurso. No se olvide la práctica intensiva previa si no se tiene mucha experiencia.

Redacción completa: es apropiado cuando se dan a conocer datos muy precisos sobre un tema (reuniones de directorio, conferencias científicas).

Cualquiera sea la circunstancia de aplicación de redacción completa, *marcar el discurso*. Sobre todo los *adjetivos calificativos; silencios; verbos* que destaquen hechos o situaciones que convengan al orador; y, como el guión de una película, las *acciones* que puedan complementar la dramatización.

En el discurso del presidente de un laboratorio se pudo observar la siguiente marcación: *"rascarse la oreja"*. Parecerá exagerado, pero es real. En un orador profesional todo *parece* natural y espontáneo.

No sólo debe decirse la verdad. Sino también lo que se expresa debe parecer cierto.

Para ello la *práctica previa* debe ser ser *la prioridad*.

El siguiente discurso servirá de ejemplo a lo explicado referente al método de *palabras claves*, así como también al de *redacción completa*.

Redacción completa

Tengo el gusto de dirigirme a ustedes con el fin de dar a

conocer aspectos inherentes a lo actuado por esta administración///.

Hace tres años// cuando nos hicimos cargo de esta empresa//, notamos importantes deficiencias en algunos sectores claves///.

Para ello produjimos un reordenamiento del personal//, e implementamos la contratación de un nuevo gerente de Recursos Humanos//con sólida formación en el manejo de técnicas y herramientas de diseño y planificación///. (Señalar infografía.)

De esta manera se profesionalizaron los métodos para la contratación//, y se generaron actividades sistemáticas de selección lo cual dio como resultado una mejora del rendimiento cualitativo del personal contratado//, y una eficientización de la planta estable///.

Todo ello, sumado al esfuerzo del personal gerencial de las distintas áreas//, hizo posible que les anuncie que el activo se ha incrementado un 2% en el último bimestre///. (Beber agua.)

Quiero expresarle mi total satisfacción por este resultado//, y los invito a seguir laborando en favor del crecimiento para el bien de todos los que integramos esta empresa///.

Muchas gracias.

Palabras claves

* Tres años-importantes deficiencias
* Gerente RR.HH.
* Métodos de contratación-profesionalizaron
* Activo: 2% bimestre
* Satisfacción
* Agradecer

Durante la lectura, mírese al público la mayor parte del tiempo. Para ello hay que adelantarse a las comas y a los puntos. Esto propiciará una *mejor comunicación*, y se sabrá si se conmueve o si se aburre.

Todos hemos visto oradores que desde el comienzo de un discurso jamás levantan la vista, y muchas veces ni siquiera se enteran que el público se retiró de la sala...

Cuando el auditorio pone atención, las cabezas están en posición neutra, incluso algunos pondrán gesto de evaluación e interés (el dedo índice y pulgar oprimen la barbilla). Es posible que otros inclinen sus cabezas hacia el costado. Esto significa mayor atención aún.

Considerar, sobremanera, los *verbos* y *adjetivos* relacionados con los afectos (aplicación del patético: todo lo propio para mover los afectos). Cuando se los pronuncia *mirar al auditorio*. Este autor participó en calidad de oyente, de oradores que *leían "estoy muy contento de estar con ustedes"*, mirando el papel. Muy poco efectivo.

El carácter persuasivo de elocución estará dado por mayor volumen de voz y menor vacilación.

Si se lee atentamente el discurso del ejemplo, se notará que existen tres tiempos de "sentimiento".

En la primera parte, el orador *se lamentó* por las deficiencias que existían antes de que llegara a la empresa. Luego, se *sintió satisfecho* por los logros obtenidos.

Por último expresó su *alegría* por los resultados alcanzados.

El *"sentimiento retórico"* y la *"dramatización"* dan vida al discurso.

Otro detalle que ayudará durante la confección de un discurso es exponer en *voz alta* las ideas, y escribirlas al mismo tiempo.

Con este procedimiento se utilizan simultáneamente cuatro zonas del cerebro que corresponden a *"ver, oír, escribir y hablar"*.

Según las circunstancias en que se desarrolle un discurso, ténganse presente las siguientes sugerencias y precauciones:

—*Sonreír* mientras se realiza el silencio inicial. Este gesto propiciará que el público tenga una buena impresión desde el principio, y *una persona es juzgada dentro del primer minuto* (para fruncir el ceño se utilizan 32 músculos, para sonreír, apenas 28).

—Salvo que sea necesario, *prescindir de apuntes*. El auditorio valora la naturalidad en las palabras. En cambio, si se los usa, tenerlos a la vista. Al público no le gusta que el orador "espíe" o "se copie".

—Lenguaje: cuidar el decoro en las palabras que se utilicen. La vulgaridad es el peor recurso al que se puede apelar para atraer al público. Más vocabulario da más poder para sintetizar y más precisión en los conceptos, lo que permitirá una óptima adecuación al auditorio. Recurrir a un diccionario de sinónimos es un buen primer paso.

—No contener nunca la emoción, pero evítese hablar durante la misma.

—No ingerir, previo al discurso, alimentos que contengan nueces, avellanas, maníes (muchas veces taponan el canal laríngeo).

Los discursos más frecuentes son:

* *Fúnebres:* se mencionan las palabras de pesar frente al féretro en ese instante postrero (no póstumo, que es cuando ya ha sido enterrado), y se enumeran las aportes (si los hubo) del fallecido para con la comunidad. La elocución se hará a velocidad lenta, y con varios silencios (téngase en cuenta la aplicación de los mismos en todo discurso que tenga carácter reflexivo).

* *Conmemorativos:* también llamados *"interruptores del olvido".* En el recuerdo de personalidades, acontecimientos históricos o hechos importantes atinentes a un grupo de personas, se evocan las circunstancias previas y consecuencias del suceso; o se recuerdan las acciones más importantes del individuo y el beneficio que aportó a la sociedad. Si bien no es recomendada la lectura declamativa cortada (arenga), una excepción es la evocación de personajes históricos, en cuya lectura se exponen frases cortas y numerosos silencios. Debe atenderse al tipo de auditorio y la ocasión.

* *Bienvenida/despedida: sinceridad y cordialidad:* se constituyen en factores indispensables de poner en práctica. En el primer caso se puede expresar el placer en recibir a la persona y el deseo de buenaventura en las nuevas actividades (en el caso de un nuevo integrante en la empresa, por ejemplo). En el segundo, contar una anécdota compartida es un recurso apropiado, además del lógico deseo de suerte en las nuevas actividades que desarrollará quien parte.

* *Inaugural:* se elogia a quienes participaron de la organización (conferencia), planificación (curso), o construcción (edificio), reconociéndose el esfuerzo de los participantes.

* *Sobremesa:* la simpleza y la adaptación al estado de ánimo colectivo son indispensables para este tipo de discursos. Si se habla después del almuerzo o cena, comer frugalmente para evitar la pesadez posprandial.

* *Específico* (técnico-científico): evítese el uso de matices, pero no el de tonos.

* *Inductivo:* si se tiene que influir sobre un auditorio para que se lleve a cabo una acción como, por ejemplo, el cuidado de la ecología, se usarán matices, incluso algunos sobreactuados. La dramatización, en estos casos, es imprescindible.

Exponer un discurso conlleva una gran *responsabilidad*. Esto implica una gran *preparación previa* y un *compromiso* para con los receptores del mismo.

Capítulo 6

La creatividad

¿Cómo hacer un discurso no estereotipado?, ¿cómo expresar ideas originales, y no aceptar conceptos o propuestas tomadas por la sociedad como totalmente correctos?

Si bien hay personas con un don innato para generar ideas, existen algunas técnicas para incentivar esta capacidad.

En el proceso creativo existen dos momentos: el de *divergencia* y el de *convergencia*.

Divergencia implica la fluidez de ideas, el *pensamiento creativo, imaginación, curiosidad*.

Convergencia es el *análisis*, el *pensamiento analítico, planificación*, y la *evaluación* de los puntos fuertes o aspectos importantes de la idea, para luego poner atención a los puntos débiles.

Ante todo, la *preparación* intelectual que se adquiere a lo largo de los años es la *materia prima* que proporcionará la generación de ideas.

La *relajación* es otro aspecto que contribuirá notablemente.

Hay horarios, sobre todo los nocturnos (muy utilizado

por escritores para redactar sus obras), que son apropiados para elaborar un borrador, ya que la distensión propende a la eliminación de bloqueos, y a cierto florecimiento del subconsciente (gran generador de ideas).

Muchos publicistas apelan al *brainstorming* o "tormenta de ideas *(divergencia)*, técnica creada por Alex Osborne en 1938, e implica copiar, adaptar y combinar. Aplicado en la confección de un discurso consistiría, *a priori*, en el trabajo en equipo (asesores), lo que potencia sobremanera la creatividad. La técnica consiste en "tirar" ideas, por más delirantes que parezcan, y luego elegir la que más convenga al tema incidental (se calcula que sólo un diez por ciento de ideas son las rescatables, del total de cien que se exponen). Como las mismas diferirán entre sí por provenir de diferentes participantes, se ejercerá una eficaz función estimulante y reestructuradora. El tiempo ideal de duración es de veinte minutos a media hora, y el número de personas que participarán del ejercicio creativo no debería ser inferior a seis (para evitar el surgimiento de polémicas), o superior a quince (donde no suele haber tiempo para que cada uno exponga en detalle su ocurrencia). La actitud hacia las propuestas ajenas debe ser de respeto, no de crítica.

Es probable que muchas veces sea difícil hallar ideas, ya que el numen no puede ser controlado ni manipulado a propio antojo.

Si esto sucediera luego de varios intentos, lo mejor es abandonar y decir en voz alta, firmemente: *"mañana encontraré la solución"*. Durante la noche el subconsciente trabajará para que ello ocurra. Otro recurso es pensar u ocuparse de otros asuntos. De esa manera, al volver al problema incidental, podrá tener nuevos enfoques.

La inspiración es un fenómeno absolutamente misterioso.

Loprete propone la medida de modelos y la aguda observación de todo lo que nos rodea. Y agrega: *"Dentro del orden de la observación tienen especial importancia la asimilación de las experiencias u opiniones ajenas, obtenidas mediante el diálogo y la observación. El hombre inteligente pregunta más de lo que habla, y así se convierte en un receptor rápido de sabiduría ajena"*.

Para la elaboración de un discurso se puede apelar, también, a la técnica de la *idea central* (desarrollada en el tema *improvisación*) y, en lugar de la limitación de palabras que propone dicha regla, tomar todas aquellas que se consideren más importantes en torno del tema que se tratará. Luego "vestirlas" con ideas hasta armar islotes de conceptos. Cuando se tienen armados algunos, se unen para formar un *todo*.

Walt Disney, gran creador de personajes e historias fantásticos, empleó una estrategia creativa que consiste en la aplicación de la secuencia *sueño-realismo-crítica*.

Aplicarlo en Oratoria implica, antes que nada, pergeñar, *soñar* la idea central, y *sentirla*, poniéndose en el lugar del orador y el estado de ánimo que éste tendría.

Luego ver el plan desde el punto de vista *realista*: considerar la oportunidad, el auditorio, los elementos de apoyo, los recursos, etcétera.

Por último "ponerse en la piel" de un *crítico*, y preguntarse: *"¿son interesantes las ideas o conceptos que vertiré?, ¿qué le falta?"*.

Algunas técnicas y sugerencias para mejorar la fluidez creativa:

* En lugar de criticar una idea propia, es más útil preguntarse cómo se puede mejorarla.

* Utilizar el test de Goldman: dibujar veinte círculos, y sobre cada uno realizar motivos distintos (caras, globos, etc.) en tres minutos.

* Ponerse "en el lugar de": cómo haría el discurso otra persona (esto no implica imitarlo, sino encontrar recursos ajenos para mejorar la forma y contenido de lo que se va a decir).

* Escribir el discurso de diez modos distintos.

* De Bono aplica la técnica de los seis sombreros: cada una de las personas que contribuirá a la elaboración de ideas adoptará una postura. Así, en la reunión creativa, estará el sobrero blanco (neutral y objetivo), rojo (emociones y pensamientos no racionales), negro (negativo y pesimista), amarillo (optimista), verde (nuevas ideas), azul (control, serenidad). Cada integrante actuará según el "sombrero" o personaje elegido.

* *Intervención de "think tanks":* son personas que tienen buena capacidad de análisis sobre situaciones planteadas. Eduardo Kastika explica que "la ventaja es que se basan en la idea de que una mirada fresca a un problema puede ser un buen complemento a la reflexión cotidiana de quienes están permanentemente metidos en el problema".

* *Método de Molière* (también llamada al profano): es similar a la técnica anterior, pero en lugar de haber varios pensadores, es sólo uno quien complementará ideas.

Como se ha visto, existen numerosas técnicas que incentivan la capacidad creadora que todos tenemos.

Relajación, observación del medio que nos rodea, poner atención de todas las ideas y conceptos que se dicen, y conocimiento *profundo del tema,* son los primeros considerandos para que la elaboración de un discurso tenga esa chispa creadora que generará el interés del auditorio y propiciará la influencia pretendida por el orador.

Los inventores, creativos por naturaleza y por profesión, sostienen que la motivación más poderosa para el pleno ejercicio de la voluntad creadora es la *pasión por la vida*.

"¿Y por qué no?" es la pregunta clave, osada y motivadora de todo creativo. Formulémosla en el próximo discurso.

Práctica de dramatización (interprete las palabras en bastardilla)

¡¡Estoy *harto/a* de sus *humillaciones*!!
Estoy *preocupado/a*. El problema es *grave*.
¡¡¡Estoy *eufórico/a*. El proyecto fue *aprobado*!!!
Estoy *desesperado/a*. No sé qué hacer en un momento así.
Estoy *complacido/a* con tu idea. Mañana hablaremos con el jefe.
Estoy *dolido/a*. Nunca debiste haberme hecho eso.
Estoy *feliz*. El bebé nació con *buena* salud.
Estoy *fascinado/a*. Su personalidad es muy *atractiva*.
Estoy *tenso/a*. Las cuentas no cierran, a pesar del *esfuerzo*.
Estoy *realmente agradecido/a* por su actitud frente al jefe.
Estoy *angustiado/a*. No hablaré más del asunto.
Estoy *afligido/a*. La cuestión es de *difícil* resolución.
Estoy *indignado/a* por la confesión de los acusados.

Estoy *disconforme* con los resultados obtenidos. Espero más esmero de parte de ustedes.
Estoy *muy ofendido/a* por las palabras del señor coordinador.
Estoy *dolorido/a* por las declaraciones del director.
Estoy *conmovido/a* por sus palabras.
Estoy *absolutamente convencido/a* de los resultados.
Estoy *tan apesadumbrado/a* por lo que me contaste.
Estoy *anonadado/a* por las imágenes.
Estoy *consternado/a*. Tus palabras fueron *inesperadas*.
Estoy *atónito/a*. Nunca me imaginé que reaccionaría así.

Interpretación - Dramatización

(Imperativo/a-enojado/a): Señores, la empresa está pasando por uno de sus peores momentos, y he notado un *particular desinterés* por parte del doctor Arregui. Su puesto, doctor, dependerá de los resultados que provengan del próximo informe de auditoría. ¿Tiene algo que decir al respecto?.

(Con lamento): No sé cómo *disculparme* por la situación que le hice vivir. Es *realmente lamentable* este episodio. Lo *siento*. No sé *cómo revertir* esta situación.

(Indignado/a-con vehemencia): Es *inaceptable* el argumento esgrimido por mi colega. ¿Acaso usted, doctor, ha *meditado* sobre las *terribles* consecuencias que derivaron del *hecho ilícito* que produjo su cliente?

(Cordial-amable): Es un *placer* para nuestra empresa contar con un colaborador *tan eficiente* como usted, doctor Ferreira. Creo que si los resultados continúan *tan óptimos*

como hasta ahora, habrá *excelentes* novedades para usted.

(Imperativo/a): Debe *atenerse* a las normas vigentes. Por favor, *modifique* sus actitudes para con este tribunal.

(Entusiasmado/a): Es *importante* que *valore* las características de este material. Es prácticamente *inalterable*, lo que le *garantizará* una durabilidad y resistencia únicas en el mercado. Se lo aseguro. *No se arrepentirá.*

(Enojado/a): Sé *perfectamente* cuáles son mis obligaciones. Por lo tanto le pido *encarecidamente* que no se inmiscuya en asuntos que exceden el marco en cuestión.

(Cordial): Es un gusto recibirlo, señor embajador. Hace tiempo que esperábamos su visita. Espero que su estadía sea la *mejor*, y desde ya, estoy a su disposición.

(Imperativo/a): Sí. Es por esos atenuantes que considero que mi cliente debe ser *absuelto* de culpa y cargo. Es la única forma en que haremos *justicia*.

(Enojado/a): ¿No te das cuenta que *no entiendo* qué es lo que *pretendes* con tus actitudes hostiles?

(Indignado/a): ¡Y el muy *descarado* vino a verme! La próxima vez que vuelva, cambio la cerradura.

(Entusiasmado/a): Yo creo que es una *excelente* oportunidad para usted. No solamente porque el software *responde* a las necesidades de su empresa, sino por el *conveniente* precio. Recuerde la *importante* bonificación que tendrá si lo adquiere *ahora*.

(Imperativo): ¡Usted es *culpable*! La noche del 29 *de abril* se acercó al lugar, y *haciéndose* pasar por el encargado *engañó* a la mucama, *ingresó* al departamento, propiedad de la señora Ródena, y *cometió el hecho ilícito.* ¡Admítalo!

(Entusiasmado/a): Como pudo ver en el informe que le he enviado, la inversión es *más* que *conveniente*. Los valores,

analizados por una de las consultoras *más importantes* del país, determinan que obtendrá un *rédito* del 9% *anual,* y será un *inmejorable* negocio en el mediano plazo.

El siguiente ejemplo tiene dos "tiempos" de dramatización. Se refiere a un pedido de disculpas. Los primeros conceptos deben ser expresados con cierta sumisión. A partir del signo * se debe imponer firmeza:

—Tiene usted razón. A veces las cosas no salen como uno las ha tenido previstas. Puedo *asegurarle* que lo sucedido fue absolutamente excepcional. * Me *comprometo,* como *responsable* de la firma, a *subsanar a la brevedad* este inconveniente. No volverá a ocurrir.

En el siguiente relato trate de *sentir* las palabras subrayadas: —Todos tenemos razones para quejarnos. Algo por qué *llorar,* algo que *lamentar.* Siempre hay razones, decimos, para sufrir. Y es verdad... hay muchas razones. Pero *no llores.* Con tantas lágrimas no podrás ver nada. No te *angusties...* con la garganta oprimida no se puede hablar. No te *sientas mal...* al menos *no tan mal.* Hay algunos que están peor y no tendrás fuerzas para ayudarlos. Es *difícil,* pero *nadie* prometió que fuera *fácil.* Siempre es más *sencillo* irse que quedarse. Y de cobardes también está hecho el reino de la Tierra. Pero el del Cielo, no. Allí los valientes día a día *encienden* fuegos *fatuos.* Mientras tanto, en el cordón de una acera, un extraterrestre disfrazado de Papá Noel está brindando con antibióticos. Comienza a llover... Un relámpago dio cuenta de la foto que Dios tomó a un pecador en el banco de una plaza mientras gemía.

En el mundo, cada cual atiende su juego. El amante, el amoroso; el soldado, el de guerra; el hombre, el habitante. Las gotas ya mojaron todo: incertidumbres, pensamientos, vidas. Existe un lugar donde en este preciso instante está lloviendo. Allí mismo, un sentimiento dejó de estar en sequía...

Capítulo 7

Plástica - Precauciones - Imprevistos

Plástica

* Gestos
* Posturas
* Aspecto
* Mirada

Gestos

Manos y brazos: Uno de los problemas de todo orador es cómo ubicarlos durante su exposición.
Se sugiere:
NO cruzarse de brazos. Esta es una actitud de barrera (defensiva) que impondrá una *distancia* con el público.
NO tomarse las manos por detrás (gesto típico de personas autosuficientes). Pero si se lo implementa durante la elocución puede dar la impresión de *despreocupación*, y no será adecuado si lo que se pretende es la *influencia*.
NO tomarse las manos adelante. Este es un gesto típico de individuos inseguros. Los psicólogos fundamentan esta

actitud en que se revive la sensación de seguridad emocional que se experimentaba cuando se era niño, y los padres lo llevaban de la mano en situaciones de temor.

NO hacer "gestos de aleta". Si se pretende omitir todo ademán y se ponen las manos al costado del cuerpo, con los brazos caídos, dejarlas quietas. No revolotearlas abajo.

NO ponerse las dos manos en el bolsillo. Al igual que unir las manos atrás, muchas veces da la sensación de despreocupación.

En cambio, *sólo en un tramo de la exposición*, si se hace de pie, los hombres pueden colocase una mano en el bolsillo (sólo si se lleva traje).

NO gestos agresivos. El orador autoritario usa el *gesto del corte aéreo* (la mano abierta "corta" el aire mientras habla); el puño cerrado que golpea el aire; y el "dedo índice acusador".

NO ademanes ampulosos. Estos deben ser proporcionales al público y al lugar. A mayor público, mayor ángulo de movimiento de manos y brazos.

El uso *abusivo* de ademanes propende a la distracción del auditorio.

La velocidad del movimiento de las manos está directamente relacionada con la velocidad de exposición, razón por la que se *debe hablar pausadamente*.

Investigaciones realizadas en la Universidad de Columbia determinaron que las personas gestuales fueron más elocuentes que las otras. Para comprobarlo se filmó a 40 estudiantes de dicha universidad cuando describían algunas partes de acción de un dibujo animado que habían visto previamente.

Se observó que al utilizar más las manos para acompañar el discurso, las repeticiones y las muletillas disminuyeron. Esto permitió deducir que los gestos son un puente mental entre los conceptos espaciales y las palabras, y que hacen más fácil el hecho de pensar una frase correcta.

Si se expone sentado:

NO esconder los brazos debajo de la mesa.

NO asomar las manos por el borde de la mesa (gesto del pianista).

NO "pegar" las manos a la mesa.

NO cruzar un brazo por delante del pecho (de semibarrera).

NO poner los codos sobre la mesa (con los brazos y manos hacia el pecho).

NO restregarse las manos (denota nerviosismo).

NO apoyarse en los antebrazos. Los nervios harán temblar a las manos, que estarán sin apoyo.

Ubicación correcta de las manos:

SI ubicarlas a la altura de la cintura.

SI una mano al costado y otra a la altura de la cintura para hacer ademanes.

SI unir las yemas de los dedos. Indica una actitud de *confianza* y *seguridad*. Los gerentes, abogados, contadores suelen hacer este gesto.

SI entrecruzarse los dedos a la altura de la cintura (si se está sentado, evitar entrelazar las manos frente al rostro). Algunos autores discrepan con adoptar este gesto. Este autor lo aconseja *sólo cuando el orador esté muy nervioso* y corra riesgo de hacer ademanes en forma anárquica.

SI hacer ademanes en semicírculo (hacen más cordial el discurso).

SI exponer con un brazo caído (mano quieta), y el otro a la altura de la cintura (el que va a hacer los ademanes).

SI hacer que las manos caigan naturales sobre el papel, si se está sentado.

Piernas y pies: En lo que respecta al manejo inconsciente de las extremidades, las piernas y los pies son los que en menos se puede ejercer el control; luego le siguen las manos; y en tercer lugar el rostro (mayor control).

Para los jueces que hacen un interrogatorio; para el gerente que quiere extraer información de un subordinado, la información que brindan las piernas son inestimables y confiables. Ellas dirán cuán *nervioso, ansioso o inseguro* está un individuo.

Muchos hombres de negocios hacen sus transacciones "escondidos" detrás de mesas o escritorios que ocultan las piernas para no exponer sus estados emocionales.

Las personas que hablan frente a un auditorio por primera vez suelen esconderse detrás de escritorios u otros muebles para "protegerse".

Por ello, si se da un discurso sentado, pensar en las piernas, sobre todo si no están ocultas del auditorio.

Cierta vez un gerente expuso un informe de situación diciendo: —*"Nuestra empresa está pasando por un período de calma y tranquilidad, ya que las ventas están aumentando gradualmente"*, mientras que sus interlocutores veían que debajo de la mesa sus piernas y pies "danzaban" incontrolablemente. Muy poco creíble.

Si se está de pie, "plantarse" firme, con una pierna levemente adelantada, para tener un mejor sostén. En caso de que alguna de ellas comience a temblar, apoyarse en la otra.

Evitar juntar los pies, ya que si se está nervioso, el

cuerpo ondulará hacia los costados, o hacia adelante y hacia atrás (movimientos ambivalentes=inseguridad/nervios).

Posturas

Sentado: erguido. A diez centímetros de la mesa y diez del respaldar. Esto no solamente proporcionará una excelente postura estética sino que, desde el punto de vista técnico, permitirá una mejor dosificación del aire (y del volumen de voz).

Como se expresó anteriormente, se debe mirar la mayor parte del tiempo al público pero, muchas veces por falta de práctica, algunos oradores se pierden en la lectura. Dos soluciones al respecto: si el discurso es totalmente redactado, sepárese los renglones a cuatro espacios y escríbaselo con mayúsculas y, si las manos están ocultas por alguna estructura, seguir la lectura con el dedo o una regla.

Un truco para que no se suban las hombreras: meterse la parte inferior del saco debajo de la cola.

De pie: llevar los hombros hacia atrás. Recordar que quien habla inclinado hacia adelante da la sensación de *inseguridad*; mientras que si inclina su torso hacia atrás, dará la impresión de *arrogancia*.

Algunas excepciones a estos conceptos las constituyen las personas altas (muchas de ellas, para "parecerse a los normales", tienden a encorvarse); e individuos que han padecido graves penurias (algunas investigaciones dicen que la postura de un hombre —la posición de sus hombros— da la pauta sobre su furia contenida o de su timidez). Como complemento de este último punto, en el centro de investigaciones Esalen, en Israel, se considera que los problemas psicológicos tienen una estrecha vinculación con la estructura corporal. Un largo período depresivo hará que los hombros se encorven. Aunque luego desaparezca el motivo de la depresión, tal vez la postura permanezca, puesto que algunos músculos se habrán acortado, otros estirado, y se habrá formado un nuevo tejido conjuntivo. Algunos psicólogos, para complementar el tratamiento, aconsejarán redisciplinar la postura corporal a través de ejercicios.

Erguido, sujétese el papel a una superficie dura (si no se tiene un atril para hacerlo) para, si se está nervioso, disimular el tembleque propio de la hoja.

Aspecto

Dice una máxima: "todo orador debe estar vestido mejor que el mejor vestido".

En una importante universidad de administración de empresas, una vez al año destacadas compañías brindan conferencias respecto de su filosofía de trabajo, técnicas de ventas, etcétera.

Una organización comercial tabacalera envió en representación a dos expertos en marketing. La conferencia fue acompañada por excelentes elementos de apoyo, pero... los dos conferenciantes vestían jean algo raídos, sin saco ni corbata; y mientras uno exponía, el otro fumaba, sentado con los pies apoyados sobre un pupitre.

Tal vez hubo una presunción de que con esa vestimenta y actitudes informales lograrían "acercarse" a los estudiantes. La *crítica* hacia esto fue total.

Aunque para algunos la corbata atormente su comodidad, una experiencia realizada en Nueva York ratifica su eficacia para *influir* en una actitud.

Se le dijo a un grupo de estudiantes de sociología que solicitaran dinero a los pasajeros del subterráneo, con la excusa de que les faltaban algunos centavos para el viaje de regreso. En la primera hora usaron corbata, en la segunda, no.

El resultado: *recaudaron tres veces más de dinero durante el tiempo que usaron corbata.*

Se aconseja la de tonos azules para circunstancias formales.

Obviamente que cada profesión establece sus propios códigos de vestimenta, al igual que el tipo de acto del que se va a participar (formal o informal), por lo tanto apélese al *sentido común.*

En 1960, en el debate Nixon-Kennedy quedó demostrado el poder del aspecto.

A Kennedy se lo vio afeitado, con rostro relajado; mientras que Nixon, quien recién llegaba de una extensa gira proselitista, estaba con los ojos cansados y sin afeitarse.

Las encuestas le dieron a Kennedy 4 millones más de votos. El estudio de las mismas determinó que el aspecto influyó sobremanera, aunque el discurso de Nixon tuvo más contenido...

En algunos entrenamientos realizados en carreras de derecho, simulando juicios, demostraron que los "acusados" presentados con mal aspecto tenían más probabilidades de ser declarados culpables que aquellos que tenían una buena imagen.

Mirada

Cuántas veces, frente a un expositor que miraba al público ubicado a la derecha o izquierda, uno se preguntaba: ¿por qué a mí no me mira?

La mirada es el elemento más importante en la comunicación con las personas. Es el mejor referente para "establecer el contacto", y conocer el efecto que las palabras producen en el oyente para, de esa manera, ir modificando la forma o contenido del discurso.

Si es un público relativamente numeroso, para abarcar a todos se sugiere mirar a la primera fila, luego al centro del salón, por encima de las cabezas *(nunca por debajo)*, y luego hacia los costados (hache acostada).

Es probable que en la platea exista alguna persona que ponga "mala cara". *Siempre existirá alguien que pensará distinto del orador.*

Uno de los errores más frecuentes consiste en concentrase en quien adopta gestos disidentes, y tratar de torcer esta actitud. Esto no sólo irritará aún más al oyente, sino que también es una *pérdida de energía irrecuperable* para el orador.

Es recomendable *mirar a quienes escuchan con atención*, ya que el "feedback" de *energía positiva motivará* de mejor manera.

Precauciones (maquillaje/ anteojos/ objetos de apoyo/ cabello/ papeles)

Maquillaje: Evitar el exceso de colores cuando la ocasión imponga seriedad o formalidad. Se deberá tener especial cuidado en el uso de sombras en los párpados, ya que si la iluminación es insuficiente, el rostro padecerá del efecto "boxeador" (ojos morados).

Es recomendable el maquillaje con base similar al tono de la piel, y delineador de ojos negro o marrón.

Anteojos: La siguiente sugerencia es sólo para aquellos que usen lentes para leer. En el momento del saludo, quitarlos, al igual que cuando se termina de leer.

Objetos de apoyo: Es muy común ver a oradores frotar la lapicera mientras disertan. No es aconsejable apelar a este recurso, excepto cuando los nervios sean incontrolables (cierta vez este autor vio lo lamentable de la ruptura del tanque de tinta de una lapicera mientras un orador exponía). En cambio, es absolutamente inapropiado jugar con objetos, como anillos. Son numerosas las anécdotas en las que al conferenciante se le cayó al disertar. Desconcentración para éste y distracción del auditorio siguió a esta escena.

Cabello: Es absolutamente antiestético el mechón de cabello o flequillo que cae sobre la cara. Algunos/as hasta cometen la torpeza de jugar con el pelo mientras exponen. Se sugiere dejar el rostro lo más "limpio" posible (en el caso de los hombres, la frente totalmente descubierta).

Papeles: Se ha notado en varias conferencias la forma irregular con que se deslizan los papeles. Cuando se termina de leer una página se la correrá suavemente hacia un costado, y ubicar la siguiente arriba. Por eso es aconsejable escribir el discurso de una sola carilla.

Si se está de pie y cae la hoja principal de la elocución, una forma estética de levantarlo es:
Varón: estira hacia atrás la pierna izquierda, dobla la derecha y toma el papel.
Mujer: junta los pies, se pone de perfil al público, dobla ambas piernas y toma la hoja.

Imprevistos

En la presentación de un software, una gran pantalla de video rodeada de computadoras conformaban la sofisticada escenografía. El disertante explicó que, luego de ver el video, iba a complementar la información con gráficos computados.

Ante la aparición del primer cuadro, la energía eléctrica del escenario se esfumó, al igual que las imágenes de la pantalla.

El instructor empezó a balbucear *"que vengan los técnicos... los técnicos, por favor"*, mientras daba vueltas sobre sí mismo. La sudoración no tardó en aparecer.

Durante los diez minutos que duró el percance, el responsable de la charla caminó de un lado a otro del escenario, sin decir palabra alguna. Un *imprevisto...*

En otra oportunidad, una importante autoridad del Gobierno, al cortársele el audio por un desperfecto en el micrófono, se levantó y, vociferando epítetos irreproducibles contra los organizadores, se retiró del lugar. Un *imprevisto*.

¿Qué hacer ante situaciones como éstas? El secreto consta de tres actitudes: *tranquilidad, replanteo y sinceridad.*

La primera está relacionada con la actitud que debe

tenerse frente al imponderable que en la inmediatez es irreparable (véase ejercicios de respiración-relajación).

En lo que respecta a la *sinceridad*, el público comprende perfectamente el inconveniente, razón por la que nunca se intente disimular el percance, *sí replantear* la situación.

En el caso del disertante del nuevo software, debería haber adelantado algún tema mientras se reparaba el desperfecto.

Respecto de quien se ofuscó por el corte de sonido, el pedido de mayor colaboración del público habría sido suficiente para obtener el silencio indispensable, y así evitado tan inolvidable papelón.

Cierta vez un coro debía actuar en el auditorio de un importante banco. Por problemas en la organización, no se llamó al responsable de la iluminación del escenario. ¿Y en qué lugar iba a actuar el coro?..., en el escenario.

El conductor podría haber difundido, como revancha, los nombres de los responsables del acto, o manifestado su enojo ante tal circunstancia. Sin embargo se tranquilizó, replanteó la situación y apeló a otro recurso válido ante esta circunstancia frustrante: *el humor*. Lo hizo invitando al público a escuchar al coro con los ojos cerrados para, de esa manera, *"invitar al alma a soñar"*...

Capítulo 8

Expresión en medios orales de comunicación

Radio

El micrófono

La función del micrófono consiste en convertir las ondas de sonido provenientes de la palabra hablada (energía acústica) en energía eléctrica.
Existen innumerables diseños y formas de captación (sensibilidad).
No se pretende agobiar al lector con datos técnicos, por ello se explicará sencillamente este aspecto para que la aplicación práctica no conlleve inconvenientes.
Los micrófonos están diseñados para recoger ondas sonoras que provienen de direcciones específicas.
Los micrófonos *direccionales* o *unidireccionales* (captan el sonido que se produce en línea recta cercana); los *bidireccionales* toman el sonido de dos direcciones (delante y detrás); y los *omnidireccionales* funcionan en tres direcciones: por encima, alrededor y debajo.
El campo de sensibilidad de un micrófono determina cuál es su aplicación.

En actos públicos suelen usarse los primeros, para evitar la filtración del murmullo. En estos casos se debe hablar *frente* al micrófono, de lo contrario la voz saldrá "fuera de plano". La distancia entre la boca y el micrófono debe ser aproximadamente de 10 cm. Si el micrófono tiene poca captación, acercarse más aunque, algunas veces, al hacerlo es posible que comience a "popear" (golpe que se produce al pronunciar la letra "p"). Si ello sucede, pedir al técnico de sonido que coloque una *funda antipop* o "pop stopper" que impedirá este inconveniente. Si no se tiene una a mano, moverse *ligeramente fuera del eje*, esto es, *levemente* hacia la izquierda o derecha.

Si varias personas son entrevistadas a la vez sentadas en torno de una mesa redonda y pequeña se puede utilizar el micrófono omnidireccional para eliminar, así, la necesidad de utilizar varios direccionales.

El *omnidireccional* es usado sobre todo en radio y T.V. Los tamaños varían según el modelo. En televisión suele vérselos cuadrados y planos (se trata de que pasen desapercibidos por una cuestión estética), por lo que debe atenderse a su ubicación.

Cierta vez, un ministro, encolerizado por una acusación recibida por uno de los panelistas del programa, arrojó unos papeles sobre la mesa (y sobre el micrófono). Esta situación no sólo generó una *"explosión"* en el audio, sino que la voz del funcionario quedó literalmente "tapada" por los papeles.

Los *micrófonos corbateros* son los que se sujetan a la corbata o solapa. En televisión suelen usarse los inalámbricos porque otorgan mayor movilidad, aunque también los hay con cable.

Si se está en un set de televisión, y no se tiene retorno

(la posibilidad de escucharse en el piso), evitar decir palabras soeces, ya que es posible que salgan al aire.

En una oportunidad, una participante comenzó a abanicarse con el *corbatero* colocado en la solapa. El aire que generaba el abanico causó "explosiones" de viento que "ensuciaron" la transmisión (y encolerizó al sonidista).

Un error que suelen cometer quienes participan de un programa de televisión es "olvidarse" del corbatero y, durante los cortes comerciales, suelen hacer comentarios confidenciales o imprudentes con otro participante desconociendo que el micrófono es, básicamente, un transmisor y, por ende, sigue emitiendo. En una oportunidad, durante un debate sobre adjudicación de tierras entre un gobernador y el representante de un grupo de aborígenes, el primero expresó su voluntad de solucionar el conflicto ya que, como expresó textualmente: *"no se debe evitar la posibilidad de solucionar cualquier problema a estos hermanos nuestros, a quienes le profesamos un profundo respeto y afecto"*. Durante el corte comercial, el funcionario hizo comentarios confidenciales a sus asesores, expresando aversión por los indígenas, contrariando abiertamente los conceptos vertidos al aire, y desconociendo que en el control se estaba escuchando lo que decía (incluso allí estaba el asesor legal de los indígenas). Esto fue grabado y el gobernador tuvo que renunciar.

También se utiliza el "boom", micrófono aéreo montado en un caño (jirafa) o grúa. En este caso se debe hablar con un volumen natural de voz. Ofrece a quien lo utiliza un cierto grado de movilidad.

Cuando se pruebe un micrófono, no golpearlo con los dedos ni soplar encima de él, para no dañar los componentes sensibles internos. Hablar naturalmente es lo más efectivo para testearlo.

Televisión

Es indudable que la televisión es un factor de *influencia* determinante en la sociedad mediática de fin de siglo.

Por ello es importante el abordaje de actitudes, conductas y técnicas propias de este medio.

Frente a cámara, se suelen dar las siguientes situaciones:

a) que se exponga solo
b) que se sea el entrevistado
c) que se entreviste
d) que se participe como invitado en una mesa de opinión.

a) Ante todo *la televisión es imagen*, y quien exponga *"no se puede escapar"*. Esto significa que se estará totalmente expuesto.

Las miradas, ademanes, muecas, serán observadas *en detalle* por la inmisericorde lente de la cámara. Por lo tanto la *verdad* será la mejor aliada a la hora de exponer en este medio (y siempre).

Cualquier gesto de engaño será rápidamente detectado por la teleaudiencia.

El *movimiento de los ojos no debe ser huidizo:* se debe mirar el centro de la lente. Si se presupone cierta dificultad para hacerlo, practicar mirando un objeto fijo, redondo, y hacer de cuenta que es la cámara (si se tiene una videocámara, mejor).

Evitar: sostener el mentón con la mano; rascarse el rostro abusivamente (gesto típico de individuos nerviosos); ocultarse el rostro con las manos; levantar en demasía las cejas; hablar con gente que está detrás de las cámaras; hacer chistes internos, referidos a compañeros de labor o a personas que el televidente desconoce y no ve.

Utilizar un lenguaje accesible para todos los públicos, excepto que sea un programa para especialistas (recuérdese que, a diferencia de la televisión, en radio se debe ser lo más gráfico posible en los conceptos).

En lo que respecta a la vestimenta, no usar colores vivos. Son siempre bienvenidos los tonos pastel. Los sacos o camisas con rayas muy finas producen el efecto "rayas vivas", por lo tanto evítense.

La elocución debe ser *coloquial* (pensar que el mejor amigo le está mirando), y los movimientos deben ser lentos.

b) **Dar** en mano el C.V. al presentador. Este, lamentablemente, algunas veces obvia aspectos fundamentales de la carrera profesional.

La importancia en la introducción que se haga del disertante radica en que la historia profesional avalará sus palabras, e impondrá *credibilidad* a su disertación

Si no se es correctamente presentado, es absolutamente lícita la autopresentación.

Es aconsejable que se paute con el periodista la temática que se abordará.

Ello no significa condicionar al profesional sino, si se es especialista en un área técnica o científica, pueden orientar sobre los temas o cuestionamientos que pueden interesar a la audiencia.

Mirar, en el momento de la pregunta, sólo al periodista.

Durante la respuesta, más del 50% del tiempo a la cámara, sobre todo en los conceptos más importantes, y si el discurso tiene por fin la influencia de la audiencia.

Durante las respuestas, si se debe hablar en primera persona del singular, evítese el uso de la tercera persona del singular o primera del plural.

Existe una técnica de respuesta, muy utilizada por políticos, que consiste en decir varias veces la palabra "porque" durante la explicación. Ello se debe a que esta palabra logra aliviar la tensión cerebral e infunde la sensación de dar solución a inquietudes. Su aplicación incorrecta pude derivar en el desvío de la respuesta.

Otro recurso "preventivo" es imaginar las preguntas de manera de planificar las contestaciones.

Evítense los gestos ampulosos. Es recomendable ademanes escasos, o bien las manos quietas (una sobre otra con los dedos entrecruzados).

c) Anteriormente se habló de la importancia de hacer una correcta presentación. Existe una fórmula sencilla para hacerlo, también de aplicación en conferencia: *T-I-O.. Tema-Importancia* del tema *Orador*. Ej.: *Hoy hablaremos del Sida (Tema). Una de las enfermedades mortales que más víctimas produjo en los últimos años.*

Por ello es imprescindible la necesidad de conocer los métodos de prevención y las causas de esta pandemia (Importancia del tema). Será el responsable de aclarar todas las dudas el doctor César Agostino, jefe de Virología del Hospital General (Orador).

Otra forma de presentación consiste en responder a las preguntas: *dónde* estamos, *para qué* y *quiénes* están. En lo que respecta a cargos o jerarquías, se nombra en forma piramidal, de mayor a menor. En cuanto al orden de disertación, si se está en un medio de comunicación hablará primero el de mayor cargo o jerarquía; en un acto público, éste lo hará en último lugar. Por ejemplo: —*"Nos encontramos en el Centro de Ex Deportistas (dónde) para festejar el 45° aniversario de su creación (para qué). Están presentes el presidente de la entidad, doctor Julio César Rodríguez, el vicepresidente, Dr. Juan García Peralta..." (quiénes).*

No se esté pendiente del monitor todo el tiempo. Una observación al respecto: a veces, por desperfectos técnicos, éste se apaga, al igual que el "tali" (la luz de la cámara), o el cartel luminoso que señala que se está en el aire, en radio. Es posible que se crea que se cortó la emisión. Las anécdotas de papelones ocasionados por este motivo son numerosas. Esperar hasta que los técnicos avisen que se ha interrumpido la transmisión (o grabación) es lo más conveniente antes de cortar el discurso.

Es fundamental que quien entreviste esté despojado de todo prejuicio respecto del entrevistado. Este limita, deforma y condiciona negativamente el ánimo.

Las preguntas no deben ser ambiguas. Sí *claras* y *concretas*.

Durante las respuestas del invitado, evítense muletillas como "mm", cuando se esté de acuerdo con lo que se dice.

Se sugiere tener en cuenta algunos códigos propios de la *entrevista periodística:*

* No discutir con el entrevistado.
* No enjuiciar las opiniones recibidas.
* No cortar la respuesta.
* No se debe caer en contradicciones, ni mostrar turbación, desconcierto, mala voluntad, descortesía o inseguridad.
* Si por alguna circunstancia excepcional no se cono-

cen datos del entrevistado, comenzar el reportaje con una pregunta amplia, que abarque un *aspecto general* (ej.: *¿a qué se dedica?*), y luego ir hacia tópicos *particulares* (ej.: *si su especialización es la economía, ¿cuál cree que será el futuro del actual plan económico?*).

* Si se pretende crear climas (cuando se tratan temas relacionados a los sentimientos, por ejemplo), utilícense *silencios*.

* Matizar el reportaje implica:
—la aplicación el humor en diferentes tramos; y
—alternar temas serios con otros más triviales.

Para el público *sólo interesan las respuestas del entrevistado*.

En cuanto a las características de este último, existen *tipologías especiales* que, si se *conocen previamente*, permitirá una *preparación adecuada* del reportaje y de las *actitudes* a adoptar:

1) El *monosílabo*: estas personas sólo contestan *sí* o *no*, como si fueran las únicas palabras de su vocabulario y, en el mejor de los casos, conceptos demasiados escuetos. Ello no siempre se debe a la mala fe, ya que la causa pueden ser nervios excesivos por no estar habituado a estar frente a una cámara. Ante esta situación, quien entrevista debe tener a mano una batería de preguntas *numerosa*, e *información adicional* para "vestir", tanto los interrogantes que se planteen, como complementar los monosílabos respondidos; o pedir concretamente que se explaye en la respuesta.

2) El *verborrágico*: para estos individuos las respuestas no tienen final, por lo que el conductor debe ponerlo. Para

ello se esperará a que redondee un concepto y, para no ser tan cortante, se expondrá una opinión (que puede resumir la respuesta vertida), e *inmediatamente* pasar a la siguiente pregunta.

3) El *irónico:* la personalidad de quienes tienen a la ironía como forma de respuesta permanente se caracteriza, generalmente, por padecer un complejo de superioridad o inferioridad. En estos casos se sugiere manifestar, a través de gestos o verbalmente, molestia o incomodidad, y se le solicitará sutilmente que modifique su postura. Si persiste, señalar el comportamiento equivocado de manera firme.

4) El *agresivo:* éstos tienen como premisa la agresión y el insulto abierto, sin sutilezas. Sobremanera, el entrevistador debe *imponer su autoridad* y *personalidad* para llamar al orden y, llegado el caso extremo, invitarlo a desalojar el piso. Para evitar tal circunstancia, se sugiere enviar un corte comercial de inmediato para, durante el mismo, convencer para un cambio de actitud.

5) El *evasivo:* por conveniencia o intereses personales, algunos entrevistados suelen desviar el razonamiento de la respuesta que vierten.

Es importante que se esté atento (siempre) y, ante esta actitud, agradecer por la alusión del tema abordado y expresar que *"como no es el que se está tratando, tal vez será profundizado en otra oportunidad"* (véase conducción de debate).

6) El *dominante:* en todo momento quiere manipular al conductor y manejar el reportaje a su antojo. En estos casos, como en el punto 4, la *imposición* que demuestre quien entrevista será determinante para el control de la situación.

7) El *delirante:* vierte conceptos sin lógica. Se sugiere que la entrevista sea lo más breve posible.

8) El *negativo:* objetará todas las preguntas que se le formulen. La primera premisa será armarse de *paciencia.* Luego, repreguntar sobre algún concepto que el entrevistado se sienta cómodo en responder. Esto hará que éste modifique su actitud defensiva-negativa.

9) El *erudito:* expresará con los términos más enrevesados cualquier simple pregunta. Ello se puede deber a que el entrevistado puede ser un exhibicionista, o desconozca el lenguaje de la televisión (véase pág. 95), y se apoya en sus conocimientos técnicos o científicos para no caer en el temor que produce la inexperiencia.

Solicítese que se grafiquen de mejor manera los conceptos, de manera que puedan ser comprendidos por *toda* la teleaudiencia.

10) El *"repreguntador":* ante la pregunta *"¿usted qué piensa de la política económica del gobierno?",* responderá: *"¿y usted qué piensa?".* Ello se debe a que se pretende ganar tiempo o que, por intereses personales, no se quiere contestar la pregunta. El recurso apropiado a este caso es exponer con solidez el papel de cada uno.

Es posible que haya una combinación de actitudes. En esos casos se aplicará el recurso adecuado a cada situación.

d) Hacer la abstracción de sentirse entre amigos. Esto ayudará a ser más espontáneo y cordial.

Toda oportunidad que se tenga de exponer en público (frente a un auditorio, en radio o T.V.), *ser cuidadosamente natural.*

Un aspecto nocivo para quien participa en un programa de televisión es cuando sucumbe al fenómeno llamado *"de desdoblamiento".* La persona se fascina de tal manera cuando ve su imagen en el monitor que se enajena, pierde el sentido de la realidad, y suele comportarse de maneras inadecuadas e infrecuentes.

Los psicólogos explican esta alteración en la personalidad aplicando la siguiente secuencia ilusoria: *omnipresencia, omnipotencia e impunidad*. Es como si la imagen mediática le proporcionara al individuo promesas de inmortalidad, y se pierde en su propia fascinación.

Esta alteración de la personalidad está íntimamente ligada con el narcisismo (estudiado ampliamente por Freud y otros autores), *potenciado* por la televisión, y hoy es considerada como una nueva forma de *histeria*.

Importantes personalidades, entre ellas jueces, abogados, economistas, funcionarios del Gobierno, fueron víctimas de esta *"farandulización"* que perjudicó en muchos casos su prestigio.

Para evitar caer en las redes de la *"droga mediática"*, se debe meditar profundamente antes de concurrir a un programa. *Quién se perjudicará; cuál es el beneficio* que la sociedad obtendrá; *cuáles serán las consecuencias* que generarán las declaraciones; y *cómo se verá perjudicada la profesión,* son planteos obligados para asumir con *responsabilidad* la exposición frente a una cámara de T.V.

Capítulo 9

Conferencia: elementos de apoyo - Tiempo

Elementos de apoyo

La *conferencia* es todo acto (no *evento*, que es un hecho fortuito, *eventual*), en el que un orador expone frente al público.

Para lograr un ciento por ciento de efectividad, ya no basta sólo la exposición oral. Los *elementos de apoyo* que la complementen incidirán sobremanera en la influencia que el orador ejerza sobre el auditorio.

Los acontecimientos externos se experimentan a través de los sentidos. La cognición del suceso tiene lugar cuando se recibe la información que llega a través del canal de entrada sensorial: *visual*, lo que vemos; *auditivo*, lo que oímos; y *cinestésico*, sensaciones exteriores (temperatura, presión y sentimientos). En las personas hay una que predomina sobre las otras dos (véase Cap. 12).

Según la *Programación Neurolingüística* (PNL), un buen comunicador debe dominar los tres tipos de lenguajes, de manera de "llegar" a todos los oyentes.

Para ello se debe contar con imágenes (para los *visuales*); un excelente equipo de sonido (para los *auditivos*), y las condiciones del lugar deben ser agradables, cómodas y con buena iluminación (para los cinestésicos).

Importante: *la imagen tiene veinticinco veces más fuerza que las palabras.*

Este aspecto fue considerado por los responsables de imagen de Nixon quienes, mientras el ex presidente de Estados Unidos estaba en campaña, proyectaban por detrás imágenes poderosas, en una gran pantalla que reforzaba el discurso, dando la impresión de que el político representaba competencia, respeto por la tradición y serenidad (incluso, para algunos presentes, la elocución se constituía en mera música de fondo ante la grandilocuencia de las imágenes).

Los elementos más usados en conferencia son:

Retroproyector: es ideal cuando se muestran gráficos, infografías o items que el orador irá desarrollando a lo largo de su exposición. Para ello se usan las transparencias (láminas con información impresa, en color o blanco y negro). Los textos de las láminas no deben superar las diez líneas.

Proyector de diapositivas: se sugiere que se llegue con anticipación, para probar con tiempo el funcionamiento del aparato, y ubicar correctamente los *slides*.

Cierta vez, en una conferencia dictada en una institución privada, el disertante preparó cada detalle, entre ellos, el orden de cada una de las 57 diapositivas. Al llegar comprobó que se había quemado la lámpara del proyector... Por lo tanto, es conveniente tener siempre uno de repuesto.

Pizarrón: no escribir en medio de la disertación, salvo que sea necesario. Tener escrito de antemano los puntos a tratar es signo de profesionalismo. Como regla fundamental: la *letra debe ser clara* y *visible* desde todos los ángulos. Una variante más moderna es la *pizarra electrónica* que, a través de un CPU adjunto, permite observar gráficos realizados previamente en disquete.

Rotafolios: si no hay pizarrón, se sugiere que siempre haya uno a mano, ya que tal vez haya alguna pregunta que deberá ser respondida con algún gráfico o esquema.

Proyector multimedia (data show): es lo más avanzado para uso en conferencias. Permite la conexión a una videorreproductora y también accede al enlace con una computadora. Se pueden realizar textos, gráficos y videos en la PC y, con una *notebook*, se puede contar con un excelente complemento visual.

La corporación 3M realizó una investigación que permitió comprobar que las personas retienen sólo un 10% de lo que oyen durante una presentación, 20% de lo que ven; pero aproximadamente un 50% de lo que ven y oyen al mismo tiempo.

Tiempo

¿Cuántas veces presenció una conferencia cuyo orador no terminaba nunca? Usted tenía otras obligaciones pero, por pudor, respeto o vergüenza, no se animó a marcharse.

O, por el contrario, el disertante se quedó sin tema a los pocos minutos.

Si el horario pautado es de 12 a 14, el público se mentalizará que culminará a esa hora.

Todos tienen obligaciones, y nadie puede arrogarse de disponer del tiempo de los otros.

Para controlar el horario, será necesario colocar un reloj o cronómetro sobre la mesa.

Cada minuto de más al pautado incrementará la ansiedad del auditorio y, por carácter transitivo, ocasionará una falta de atención.

Si nota cierto aburrimiento del público (cuyos síntomas son descriptos en el capítulo 12), es mejor dar por terminada la conferencia antes de lo previsto.

Capítulo 10

El orador como comunicador

Toda persona que expone frente a otras conlleva una intención básica y esencial de todo ser humano: la de *comunicar*, y como objetivo la *persuasión* del *auditorio*.

Todas las personas desean expresarse, ya que es un principio innato de la naturaleza humana.

Prácticamente todos pueden ser excelentes disertantes, excepto que se padezcan defectos realmente incompatibles, como una tartamudez crónica o patologías graves del aparato fonador.

Quien ejerza la palabra hablada debe tener *valores intelectuales*, dados por la preparación que a lo largo de los años haya incorporado a través de su formación académica; y *responsabilidades*.

Uno de ellos es la *formación*. Esto no significa que sólo aquellas personas cultas tienen derecho a expresarse.

Joseph Folliet dijo: *"No pensemos que la elocuencia sea un arte selectivo, privilegio de gente ilustrada"*.

Loprete señala: *"Una cultura general adquirida en el aprendizaje paciente a los largo de los años es una efectiva garantía de sabiduría. Mas es posible, también, una información ocasional sobre un tema determinado, inmediato, y suficiente para resolver con discreta sabiduría el imperativo de una con-ferencia o un debate".*

También téngase en cuenta que un exceso de intelectualismo puede convertir un discurso en algo aburrido y monótono.

La *verdad* es otro valor insoslayable. Abraham Lincoln dijo: *"Se puede engañar a algunos todo el tiempo, se puede engañar a todos algún tiempo. Pero no se puede engañar a todos todo el tiempo".* En el hombre, la *verdad es la base de la moral.* Junto a un *excelente código de ética* y una *conducta coherente* en la vida y en la profesión, se construye el puente férreo de comunicación que propiciará la confianza que siempre debe existir entre quien expone y su público.

La *seriedad* no debe confundirse con *solemnidad.* Exponer en público no obliga a adoptar actitudes circunspectas o "almidonadas" La seriedad es absolutamente compatible con el *humor.*

La *sencillez* es un valor inapreciable que todo orador experimentado exhibirá durante su elocución, que *no es lo mismo que el simplismo.* Un dogma docente dice: *"es mejor bajar la mira para ser entendido que subirla para ser admirado".*

La *autoridad* de quien expone determinará la atención del auditorio. No confundir con prepotencia o arrogancia. Estará dada por:

a) la *imposición* que el orador dé al acto elocutivo: el consejo de un profesor proponía pensar (y sentir), antes de cada exposición, una frase que impone, por sí misma, un especial vigor: *"acá estoy yo";*

b) la *preparación* específica que se tenga del tema: muchos individuos, por intereses personales o puro exhibicionismo, hablan de cualquier tema, ante cualquier auditorio. *Ser una autoridad en la materia* implica una *profunda preparación* profesional, que generará *confianza* y *credibilidad*.

Disciplina: si no existe un orden retórico, la palabrería será la consecuencia directa.

Personalidad: el orador debe tener, ante todo, una *personalidad definida*, ya que en Oratoria *"la imitación es suicidio"*.

Algunos libros escritos por ejecutivos dicen que para tener éxito profesional se debe cumplir la regla del 80-20: *80% de personalidad y 20% de conocimientos.*

Básicamente, la personalidad es la consecuencia de experiencias positivas y negativas vividas desde que se nace, y para el análisis profundo se requeriría la recurrencia del lector a la prolífica bibliografía de psicología que existe sobre el tema.

Pero hay aspectos claves que determinarán una *personalidad* adecuada para un *eficaz* desempeño profesional:

—*Elevada autoestima:* cada individuo *es importante*. Y lo es porque es *único, irrepetible e irreemplazable. Libre* para pensar y para crear. Si uno es *consciente* de ello, comenzará por *valorarse* y *apreciarse*. La *elevada autoestima* generará confianza en uno mismo y, como decía R. W. Emerson: *"la confianza en sí mismo es el secreto del éxito"*.

Tampoco se esté pendiente siempre de las opiniones ajenas. Uno debe disfrutar de la satisfacción que siente de saber que ha hecho lo mejor que pudo.

Voltaire afirmaba que *"la fórmula del fracaso es querer complacer a todo el mundo"*.

—*Respeto por uno mismo:* quien no se valora ni se respeta a sí mismo, ¿cómo puede pretender que los demás lo hagan? Y este valor deberá ser consecuente: en el hogar, en el trabajo, en la universidad. *El respeto que la gente brinde a un individuo será directamente proporcional al que éste se dé a sí mismo.*

—*Sensibilidad* (no sensiblería): permitirá poder entender y comprender los sentimientos de los demás. Un poeta solía decir: *"Si quieres que llore, llora tú primero".*

Hay personas tímidas que creen que son incapaces de ser buenos oradores. La timidez es algo absolutamente beneficiosa en Oratoria (excepto que se padezca una inhibición crónica, que requerirá tratamiento profesional). Quienes "adolecen" de este beneficio, perciben la realidad de forma más sensible, lo que permite concientizar de mejor manera el mundo que lo rodea, y otorga la fascinante posibilidad de comprender el espíritu del auditorio.

"De la abundancia del corazón habla la boca". Eclesiastés.

Humildad: a este aspecto se le contrapone la soberbia. Alguna vez llegó a las manos de este autor un texto (que se recomienda sea leído en voz alta), cuyo título es *"Método práctico para achicar la soberbia",* y dice:

Diríjase usted a la zona rural que más le guste, desnúdese y espere a que anochezca. Cruce entonces el alambrado con cuidado de no perder ninguno de los atributos del poder, y camine hasta que sienta que está en medio de la soledad más absoluta. Una vez allí levante la cabeza al cielo y mire las estrellas. En ese instante, usted, visto desde el espacio, debe ser algo así como un virus instalado en una pelota de fútbol. Piense entonces que está usted parado sobre un minúsculo planeta que gira alrededor del sol, y que el sol es nada más que una estrella pequeña entre los millones de estrellas que usted está viendo y que forman nuestra galaxia. Recuerde además que nuestra galaxia es una de las miles de galaxias que desde hace millones de años gira a través del espacio. Una vez que haya hecho esto, coloque los brazos en jarra sobre la cintura en actitud desafiante, o adopte otra postura que le parezca lo suficientemente cabal como para expresar el inmenso poder que usted tiene, e hinchando las venas del cuello grite con toda la voz que sea capaz de juntar en ese momento: ¡yo sí que soy alguien verdaderamente poderoso! Luego espere a ver el resultado. Si ve que algunas estrellas se sacuden, no se haga demasiado problema. Es Dios, que a veces no puede aguantar la risa...

Responsabilidad: implica el hecho de tomar el compromiso de hacerse cargo del acto elocutivo, y se contrapone con las excusas del tipo: *"lo lamento, no llegué a preparar este tema porque recién pude conseguir los apuntes"* o *"anoche tuve un compromiso personal y me impidió armar la clase".* Esta falta de respeto será repudiada por la concurrencia.

Para ello evítese la *preocupación improductiva* (lamentarse de todo lo que debe preparar para la disertación o examen); y ejecútese la *ocupación productiva* (estudiar).

"Para ser juez, primero hay que ser señor. Si sabe derecho, mejor" (dicho inglés).

Bondad: un dicho popular dice que *"el malo desconoce el buen negocio que es ser bueno. Si lo supiera, lo sería, aunque sea por negocio".* Y esto también es inherente a una discusión (debate), ya que el público valora la benevolencia que se tenga frente a la ignorancia o impericia del adversario, lo que no implica necesariamente ceder.

Vitalidad: el orador que sabe realmente su tema, lo *"siente".* Esto implica un *entusiasmo* que va a contagiar al auditorio, generando *interés* en sus palabras. *Tener vida, dinamismo,* son factores fundamentales para *influir* en el ánimo colectivo.

Previsión: llegar siempre con antelación. Hacerlo permitirá estudiar el terreno. Si va a trasladarse, estar atento a los obstáculos (mesas, sillas, aparatos de sonidos, proyectores, cables de micrófonos, etcétera).

Si se expondrá sentado, ubicar el micrófono a una altura conveniente y proponer al técnico de sonido una prueba de audio para comprobar su correcto funcionamiento.

Se deberá poner atención a la iluminación: la luz debe dar directamente al disertante.

El orador debe disponer necesariamente de *valores* y *responsabilidades* para el fascinante ejercicio de la palabra hablada. Y si se carece de alguno de ellos, bueno,... nunca es tarde poseerlos.

Será para mejor.

"La palabras son como piedras de diversos colores y tamaños con las cuales un artista construye mosaicos de trabajo muy delicado, mientras que, en menos hábiles, no tiene significado alguno", Platón.

Capítulo 11

Formas oratorias

La conversación

Dice una máxima: *"Domina una conversación el que escucha"*. Desde el punto de vista profesional (y personal), *escuchar* es el mejor recurso para adoptar una actitud o definir una situación.

Muchas veces, cuando se toma un café con un amigo, en lugar de escucharlo se piensa qué se va a decir cuando se calle.

El secreto de todo comunicador *no es ser interesante, sino estar interesado.*

Cierta vez, el ex presidente norteamericano Roosevelt comprobó la desatención de las personas en una reunión de embajadores. Mientras hacía el saludo protocolar con cada uno de los quince representantes de naciones amigas, sonreía y decía: *"Hoy maté a mi suegra"*. De todos, sólo uno atinó a preguntar: *"¿Qué dijo, Sr. Presidente?"*...

Estadísticamente las personas hablan, en orden, de los siguientes temas: *trabajo, hogar, política, recreaciones, salud e interés general.*

En una conversación existen tres conductas de alternancias:

* Cesión del turno: el volumen de voz decrece, se expone más lentamente, la última sílaba suele arrastrarse, hay silencios más prolongados, se afloja la tensión corporal, se toca a la otra persona para indicarle que comience a hablar, y se bajan las cejas en señal de expectación.

* Mantenimiento del turno: cuando se cree que el interlocutor pretende intervenir en el diálogo, se incrementa el volumen de voz, a veces se toca (pequeñas palmadas) a la otra persona, como sugiriendo que aguarde, mayor velocidad de exposición, se evitan los silencios (en muchos casos se acompaña con muletillas).

* Solicitud del turno: se levanta el índice para pedir la palabra, se suele hablar simultáneamente, se inspira sonoramente, la postura se yergue, y se suelen hacer verbalizaciones o vocalizaciones (tapones vocales) de cierto asentimiento como "mmhm", "ahá", las respuestas propias serán más rápidas (para "ayudar" a la otra persona a que termine rápidamente).

Para tener una buena conversación se deben considerar las *necesidades del interlocutor* o receptor:

* *Ser apreciado y reconocido* (en muchos restaurantes se aconseja a sus mozos que cuando arribe un personaje famoso o un cliente habitual con amigos, le den la bienvenida llamándolo por el nombre).

* *Sentirse cómodo* (en cenas de negocios se suele ubicar a la persona que definirá la transacción, o a un cliente, frente a la puerta, para evitar la sensación de inseguridad o incomodidad que pudiere tener si no estuviese de espaldas a la pared). Además se debe considerar el lugar, la iluminación, la música y todos aquellos detalles que creen un ambiente agradable, y la *distancia conversacional*. Sobre este último aspecto, Willis, F. N., citado por Knapp, estudió la distancia de conversación de pie de 775 personas en una variedad de contextos y registró la distancia de los interlocutores al comienzo de la interacción. Sus conclusiones: los que hablaban se acercaban más a las mujeres que a los varones. Las parejas de sexo mixto establecen una mejor comunicación a una distancia menor que las parejas de mujeres, que a su vez eligen distancias menores que las parejas de hombres; y se interactúa con mayor proximidad con personas de la misma edad. El ambiente (formal o familiar), características físicas del interlocutor (corpulento o no), intención (si se pretende ganar una aprobación la distancia será menor), personalidad (los introvertidos mantendrán una mayor distancia), cultura y etnia son factores influyentes del aspecto proxémico.

"El máximo arte de un buen conversador es conseguir que las personas se sientan a gusto", Carlos II.

* *Hablar de su hobby:* está comprobado (y esto la gente especializada en ventas lo sabe muy bien), que nadie se resiste a hablar sobre sus gustos y preferencias personales. Se sugiere interesarse *sinceramente*, de lo contrario el interlocutor sospechará que se pretende adularlo.

* *Impresionar*, a través de sus bienes materiales o conocimientos. Dejar que el interlocutor hable de sus cosas, y felicitarlo por sus logros, optimizará el canal comunicacional.

Influir en una conversación implica, también, detectar la *escala motivacional* del receptor.

Todas las personas piensan y actúan según dos orientaciones de motivación, como consecuencia de su formación y experiencias de vida: *evitar el sufrimiento* (ES) o *buscar el placer* (BP).

Por ejemplo, muchos empleados, a pesar de estar incómodos en sus trabajos, no intentan la búsqueda de uno nuevo por temor al fracaso *(¿estaré en peores condiciones?, ¿tendrá peores compañeros?)*; individuo *ES*.

En cambio otros, aunque estén a gusto con sus ocupaciones actuales, están siempre a la búsqueda de mejores oportunidades *(seguro que progresaré si lo intento)*; individuo *BP*.

Ante el caso *presentación de proyecto*, los *ES* expresarán: *"si Ud. aprueba esta planificación evitaremos tal o cual problema"*; en cambio los *BP* dirán: *"éstos serán los beneficios que la empresa obtendrá si se condice con esta propuesta"*.

La técnica de *influencia* consiste en orientar la conversación en el sentido de que la mente de la otra persona se sienta mejor.

El vendedor de un modelo de automóvil diésel priorizará ante un *ES* el ahorro de combustible, mecánica sólida, los sistemas de seguridad; en cambio ante un *BP* orientará el discurso en torno de las comodidades (equipo de sonido, aire acondicionado, etcétera).

Los etólogos humanos también han estudiado la personalidad de un individuo según sea el tiempo de exposición durante una conversación grupal. Quien más habla (llamado individuo "Alfa"), es comúnmente el líder, tiene mayor espacio ocular y más estatus; el que interrumpe a menudo probablemente desea dominar; y el que tercia ansiosamente en cuanto surge una oportunidad es normalmente un individuo emprendedor.

Por último, ténganse en cuenta estas sugerencias:

* *Cuidado con las críticas*, aunque sean constructivas.

Trátese de conocer el grado de susceptibilidad del interlocutor. En cambio téngase en cuenta que, cuantitativamente, el uso de las otras —destructivas— es proporcional al grado de frustración que tenga quien las dice. Dale Carneghie sostiene que *"las críticas son como palomas mensajeras: siempre vuelven al nido"*.

* No hablar de fracasos o frustraciones propias, ya que es posible que se cumpla la ley 70-30: al 70% de la gente no le importa sus problemas; y el 30% restante disfrutará de sus percances.

* *Hablar a la misma velocidad que el interlocutor*. En entrevistas se suele cometer el error (por no escuchar), de exponer velozmente, sin saber que el ritmo no coincide con el del entrevistador quien, al tener un esquema mental más analítico, se sentirá "invadido" por la verborragia del entrevistado, perjudicando la *sintonía* del diálogo.

* Evitar los conceptos extremistas: el manejo de los "grises" en una conversación dará, no sólo la impresión de ser una persona flexible sino, además, podrá adaptarse mejor al argumento del interlocutor.

* Evitar las discusiones. Un conocido comerciante decía *"ganar una discusión a un cliente es perder la transacción"*.

* No estar a la defensiva. Ello provocará desconfianza en el diálogo, además de ser un desperdicio irrecuperable de energía.

Otras formas de Oratoria deliberativa son:

Simposio

Es todo acto donde un grupo de expertos trata sobre un determinado tema, y tiene como fin la *actualización*.

No se discute, ya que cada uno expondrá en forma alternada sus investigaciones y/o puntos de vista. Al conductor (generalmente una autoridad en la materia), se le llama *presidente*. Por ejemplo, un simposio sobre el Sida tendrá como expositores a un virólogo, un médico clínico, un psicólogo, etcétera.

Coloquio

Reunión de personas que, bajo la dirección de un *conductor*, tiene como fin dar solución a un determinado problema. Este debe mantener el *orden* y la *disciplina*. Quienes participan suelen tener similares inquietudes. La temática se desarrolla en forma *cordial*.

Foro

Es cuando participa el público. Por ejemplo, en un foro-debate, además de la intervención de los invitados, se permitirá la opinión ordenada de algunos integrantes del auditorio.

Debate

Se desarrollará a través de *argumentaciones* (razonamientos para probar o refutar un enfoque).

Los argumentos en favor se llaman *pruebas*, los que están en contra, *objeciones*.

En este tipo de discusión, los participantes tienen

posturas opuestas, y su actividad es más dominante que en la conferencia, ya que el orador pasará a ser el moderador.

El *debate* será tomado desde dos perspectivas:

a) *Conducción o moderación*

Se comienza saludando al público y a los participantes.

A continuación se enuncia el tema (cuya condición indispensable es que sea *debatible*), y los *objetivos* que se persiguen con la discusión (enseñar, generar inquietud en el auditorio, etcétera).

Es importante que se clarifique cuál será la *mecánica* que se seguirá. Algunos eligen el sorteo de sobres cerrados para coordinar quién comienza; otros estipulan un tiempo determinado de exposición (éste, a veces es avisado a través de un timbre) sin interrupción de cada participante, y un período de discusión.

Por último se enuncian los nombres, cargos o resumen de currículums de los participantes.

El mayor desafío de quien conduce un debate es mantener la *imparcialidad*.

Si éste cree conveniente formular una pregunta, conviene hacerla a ambas partes, excepto cuando se crea necesaria una aclaración o se tenga alguna duda.

Las preguntas deben ser *claras, concretas, sin ambigüedades.*

Es probable que, intencionadamente o no, algún orador desvíe el tema en cuestión o se disperse. En este caso conviene agradecer el haber hecho mención de esos conceptos, pero como no es el tema de fondo, se le dice que será tratado en otra oportunidad.

Para detener una discusión entre las partes se aconseja la pregunta cerrada, por ejemplo: ¿qué se debería hacer para detener esto?, e *imponerse* con la *autoridad* que infiere la posición de conductor. Este evitará el exhibicionismo (tanto propio como el de los participantes), y las agresiones (*debatir no es pelear*, sino confrontar, *civilizadamente*, argumentaciones opuestas).

Luego del desarrollo del debate, y antes del resumen final del moderador, se propone una ronda con las *conclusiones* de cada uno de los intervinientes de la discusión.

Se anotarán todos los conceptos o ideas vertidas por ellos, de manera que al final se exponga si hubo o no acuerdo, o si se llegó a alguna conclusión. Esto *no implica una opinión personal* (recuérdese la *imparcialidad*), sino una exposición sobre las argumentaciones expuestas por cada una de las partes.

Es aconsejable que el conductor tenga algunas preguntas "gancho", por si decae la fuerza del debate.

Si la discusión se agota antes del tiempo previsto, es preferible darlo por terminado.

b) *Participación*

Ser previsor de todas las circunstancias y/o planteos que se puedan dar en un debate, es signo de inteligencia y experiencia.

En la carrera por la presidencia de los EE.UU., y previo a un debate, uno de los asesores de Bill Clinton (presidente en ese momento y aspirante a la reelección), estuvo abocado a averiguar los precios de los productos de la canasta familiar. Eso es preparación.

Cuantos más elementos se hayan indagado sobre el tema a discutir, mejores serán las posibilidades de victoria. *Nada debe quedar librado a la improvisación*. Lograr un adecuado grado de seguridad exigirá entre *tres y cinco veces más información* de la que se utilizará.

El segundo punto importante es planificar la *técnica estratégica* que se va a implementar para mejorar la posición argumentativa:

1) De la *concordancia inconsciente:* consiste en formularle preguntas al adversario, de manera que responda afirmativamente, de modo que al final se vea obligado a contestar "sí" a la pregunta decisiva, por estar incluida dentro de sus dichos anteriores.

2) De la *concesión ciceroniana:* sirve para hacer menos dolorosa una negativa o, por distintos motivos, no se desea desaprobar todos los argumentos del adversario.

La idea es: *"sí, estoy de acuerdo* (en el aspecto secundario), *pero no* (en la cuestión de fondo)".

En un debate televisado entre el ministro de Trabajo y el máximo representante de la oposición, y cuyo tema de debate era la desocupación, el funcionario gubernamental hizo hincapié en la estabilidad de la moneda. Su oponente dijo: *"sí, es imprescindible que la moneda mantenga su valor, pero la desocupación es más importante aún porque urge a una solución de emergencia".*

3) *De la negación absoluta:* consiste en negar *todos* los argumentos del oponente. Es muy usada en época preelectoral, sobre todo en debates donde se definen importantes cargos electivos. Su incorrecta utilización, en algunos casos, puede ser injusta y hasta poco ética.

4) Del *silencio:* En un debate no siempre el que calla otorga. No siempre se debe responder a las preguntas del ocasional rival, sobre todo aquellas sin importancia o secundarias. Refútese sólo las que se refieren al tema en cuestión. También se puede aplicar cuando el adversario

interrumpe permanentemente. En este caso se advertirá al moderador que intervenga. Publio Syro dijo: *"Calla, si tu palabra no es mejor que tu silencio".*

5) De la *posposición:* si la posición es poco favorable, se debe posponer alguna opinión o concepto, hasta tanto se tenga información. Es muy usada en debates televisivos (generalmente durante las pausas, en algunos debates políticos, los asesores suelen aportar, a quien aplicó esta técnica, de la información necesaria).

Otros detalles importantes para la participación:

Averiguar los *antecedentes de los participantes* (edad, nivel intelectual, comportamiento usual en discusiones, pasado profesional, etc.). Conocerlos otorga una mejor perspectiva de planificación.

Evitar los gestos de ofensa. Se ha observado cómo muchas personas arruinaron una excelente exhibición de argumentos al hacer muecas al oponente, mientras éste exponía. El respeto que se exhiba será valorado por el auditorio, y le otorgará más puntos cuando se evalúe el resultado final de la discusión.

Afirmar sin vacilar. Para ello es oportuna la aplicación de la técnica de la expresión oral: *articulación, vocalización,* y mayor volumen de voz, que otorga la sensación de *seguridad* y *verosimilitud.*

No interrumpir, salvo que sea imprescindible (cuando se ofende la honorabilidad).

Evítense reacciones demasiado rápidas como "correcto" o "falso".

Hablar después del adversario, sobre todo en la ronda de conclusiones. Esto permitirá tener más información y elementos de juicio para exponer el comentario de cierre. Téngase en cuenta una "carta en la manga" para este

momento, y evítese nombrar al adversario, ya que esto le daría derecho a una nueva intervención para refutar.

Debate televisivo:

\# Hablar en un lenguaje accesible, evitando los términos técnicos, salvo que sea necesario.

\# Si se van a mostrar documentos, hacer copias amplificadas, de papel opaco (para evitar el excesivo brillo de las luces del set), y dejarlas algunos segundos frente a cámara para dar tiempo al camarógrafo a que haga foco, y a que los televidentes lean el contenido.

\# *Mantener la seriedad*, sobre todo si se es acusado injustamente de alguna irregularidad.

Se ha visto cómo personas que pasaban por esta situación, al escuchar a su oponente esgrimir acusaciones falsas en su contra, y ser enfocado por la cámara, reían de indignación. Este gesto, para la opinión pública, puede ser tomado como una actitud desafiante o burlona que no contribuirá a obtener la credibilidad o apoyo pretendidos. Recuérdese que, a veces, la televisión otorga una impresión que se relaciona más con las apariencias que con la realidad (una de la razones por la que muchos objetan los juicios orales).

El *autocontrol* será, también, un aliado fundamental. Hay participantes que apelan a la provocación para, especulando con los nervios propios de la exposición pública, desconcentrar y alterar los ánimos de su adversario. Si ello sucede, inspirar profundamente y solicitar al conductor que ponga orden.

Debate con participación del auditorio (foro): luego de la exposición de los participantes, el conductor dará paso a la *intervención ordenada* de algunos integrantes del público. Los métodos más usuales son:

* quien desea participar levanta la mano;
* un colaborador recogerá las preguntas que, en forma escrita, harán quienes quieran intervenir (la ventaja de este método consiste en el control del orden de los cuestionamientos; la desventaja: muchas preguntas llegan tarde, y pueden abordar items ya tratados).

Sofismas - Paralogismos - Falacias

Los psicólogos dicen que la *persuasión* es el proceso por el cual se induce un comportamiento valiéndose de un razonamiento o de la *emotividad*.

Los publicistas necesitan vender; los políticos, la decisión de votar; el participante de un debate, demostrar la validez de sus argumentos.

Con el objetivo de alcanzar estos fines, muchas veces se recurre a *razonamientos erróneos* que provocan el resultado contrario al esperado. Son las llamadas *falacias, paralogismos* o *sofismas*.

En la antigua Grecia nace la *eurística*, que es el arte de ganar litigios judiciales. Allí, la única forma de enriquecimiento era por medio de ellos (juicios), y los maestros se dedicaron a enseñar el mejor modo de ganarlos.

Pero aquello que parecía muy loable, fácilmente degeneró, y entonces prosperó el arte de enseñar a los hombres cómo conseguir que la causa injusta pareciese justa.

Aristóteles explicó los *sofismas* como *"argumentaciones falaces que guardan un asombroso parecido con argumentaciones válidas"*.

Existen *falacias formales* (relacionadas con las matemáticas y la lógica simbólica); y las *no formales* (aplicadas al lenguaje y al proceso de argumentación, tanto coloquial como académico).

Copi, lógico norteamericano, dijo que los *sofismas* son *"errores de razonamiento en los cuales podemos caer por inadvertencia o falta de atención en el tema, o bien que nos engaña alguna ambigüedad en el lenguaje usado para formularlo"*.

Algunos de ellos son:

a) *Ignorar el tema* que se trata, debido a una falta de información o necedad.

b) *Generalización excesiva:* "Cada vez que se generaliza se comete una injusticia", dice un refrán. La generalización debe ajustarse a casos *muy específicos*.

c) *Ad verecundiam:* paralogismo consistente en apelar a alguna autoridad para avalar, *maliciosamente*, la argumentación. Por ejemplo, un censor de películas de la década del '70, en la Argentina, justificaba su labor en los dichos del Papa: *"Hay que proteger a la familia"*. Este sofisma es muy utilizado en publicidad cuando participan personajes famosos para respaldar a un producto sin *informar* sobre las *bondades* del mismo.

Es diferente cuando se utiliza un referente que se ajuste *válidamente* al argumento.

d) *Ad baculum* (apelación a la fuerza): es utilizado cuando se fracasa en la presentación de argumentos que apelen a la razón. Por ejemplo, cuando un jefe sugiere que si se discute su postura el subordinado podría quedar cesante; o cuando una nación, en medio de una disputa diplomática, exhibe su arsenal bélico para *persuadir* a la nación adversaria a aceptar su postura.

e) *Equívoco* (homonimia): argumento que puede tener varias connotaciones. Siempre se deben aclarar los términos de una discusión.

Expresiones como *"es obvio"*, *"claro"*, *"bueno"*, si no se relacionan con algo definido, son ambiguos. Ante la duda, siempre se debe exigir precisión en los conceptos.

f) *Ad hominem* (contra el hombre): cuando se ataca al hombre en lugar de *refutar* sus argumentos.

g) *Ad populum:* se pretende conmover al público a través de argumentos que apelen a los sentimientos para lograr la *persuasión*.

Una publicidad rezaba: *"Sé buen patriota. Compra productos nacionales"*. No especifica la calidad de los mismos, por eso es *falaz*. Se prioriza el *fin* antes que el *medio* que se usa para lograrlo.

h) *Parcialización maliciosa:* se toma un tramo del discurso del adversario y se lo adapta a la propia argumentación, haciendo que parezca como una coincidencia de pensamientos.

Ejercicio

Practíquense las técnicas estratégicas en los siguientes temas de discusión y elabórense los argumentos en pro o en contraste sobre:
* Pena capital.
* El aborto.
* La existencia de amistad verdadera entre sexos opuestos.
* El acoso sexual.
* Televisación de juicios orales.

Capítulo 12

Público - Multitud

Antes de establecer la forma de expresarse, sea frente a un *público* o a una *multitud*, se deben observar las características propias de cada uno.

Multitud

Grupo numeroso de personas reunidas con determinado fin, y que participan como oyentes en un acto oratorio.

Este grupo social tiene características autómatas, y generalmente esperan una elocución *vivaz* y hasta *exagerada*. Para la masa sólo existen el blanco y el negro. Manifiesta un *amor infantil,* y se conmueve ante palabras que tengan que ver con *valores positivos* como el dinero, la felicidad, el bienestar.

Las experiencias realizadas demuestran que los rostros de los participantes tienen la misma expresión facial. El *comportamiento es homogéneo* y absolutamente distinto de cuando se está solo o con pocas personas *(ley de la unidad psicológica).*

Para hablar a una multitud se necesita ser un *líder*, condición con la que se nace.

Françoise Richandeu, en su libro *Los secretos de la comunicación eficaz* sugiere utilizar *"frases cortas, que no superen las quince palabras y de estructura sintáctica sencilla"*, y agrega: *"el líder habla con palabras de evocación positiva, dinámica, intensa —ley de la emocionalidad— y evita las de tono gris y pesimista. Eso le lleva a soslayar la realidad, a descuidar los matices, a reforzar efectismos, a parecer siempre seguro de sí mismo"*.

Fernández, A. V. dice que *"algunos ademanes o palabras, sin relevancia para un individuo, mueven a la multitud porque el razonamiento tiene escasa influencia en los grupos psicológicos"*, y acota: *"merced a su elevada emocionalidad, el individuo de una multitud decrece intelectualmente. Como recibe influencias ajenas y ha perdido autonomía psicológica, las ideas e imágenes disminuyen su capacidad razonadora"*.

Es común observar a líderes políticos que expresan a la multitud promesas sobre seguros futuros logros en favor de la gente, sin especificar *cómo* harán para lograrlo.

Público

Grupo de personas poco numeroso, cuya actitud *psicológica* se caracteriza por tener un espíritu *crítico* hacia el discurso del orador.

Es importante que antes de una conferencia se sepa las características de la audiencia (ideología, edades, nivel sociocultural, etc.), ya que no sería apropiado expresar conceptos que sean inconvenientes o inapropiados a su conformación sociológica.

En lo referente al tratamiento del discurso, se desea destacar que no existen dos auditorios iguales. El docente sabe que no hay dos cursos idénticos, aunque sean del mismo grado o año. Por eso es desaconsejado utilizar el mismo discurso para diferentes auditorios.

Conocer la conformación de la audiencia le valió a los asesores de la campaña de George Bush casi dos millones de votos para el político. Previo a las elecciones presidenciales, se realizó un debate en un estado con fuerte apego a las tradiciones familiares, entre Bush y Dukakis. Este último pasaba por serios inconvenientes conyugales en ese momento.

Los asesores de Bush le había indicado a la esposa de éste que, cuando su marido concluyera la elocución, se acercara y lo abrazara.

Así ocurrió. El público presente se conmovió por aquella actitud de cariño familiar... al igual que millones de televidentes.

Esta actitud de conocimiento de la audiencia también es aplicable al público televisivo. Conocer el *target* (edad, nivel socioeconómico, raza, cultura, creencias y tradiciones) de los televidentes permitirá preparar de mejor manera los argumentos.

Normalmente el auditorio es *paciente y gentil*. Le resulta psicológicamente doloroso presenciar el fracaso del orador.

Si se percibe un murmullo molesto, se interrumpirá abruptamente la disertación y se mirará el sector donde se genera el mismo.

Generalmente el público condiciona estas conductas. Sólo si persiste la distorsión se llamará la atención firmemente, ya que muchas veces, cuando el orador increpa a algún participante sin mediar advertencia previa, el público suele volcarse en favor del asistente y no del orador *(ley de la solidaridad)*.

Es importante que el orador tenga la mente abierta a cualquier objeción de parte de alguno de los asistentes. Si ello ocurriera, *acepte de buena manera* el comentario. La intolerancia o enojo darán la sensación de *arrogancia* o *autoritarismo*.

Si se invita a algún asistente para que participe, *nunca se lo debe humillar* ya que, imagine, el público es como un cuerpo al que se le ha pedido prestada una mano. Si usted se ríe de ella, el cuerpo se va a enojar, y el rechazo hacia el disertante es la consecuencia de esta actitud.

Síntomas de aburrimiento del auditorio, para cambiar la estrategia del discurso, o dar por finalizada la conferencia: mayor movimiento de cabezas; algunos estudios mostraron que se sacan más pañuelos; si hace calor, las mujeres intensificarán el apantallamiento con abanico; muchos orientarán los cuerpos hacia la puerta; se observará el reloj más asiduamente; algunos se colocan las manos en los muslos para apoyarse al incorporarse (posición de largada).

"Para hablarle al público, dice Loprete, la palabra del orador debe ser equilibrada, esencial, meditada y artística. Lo ideal es el discurso donde se combinan armónicamente la razón y la psicología."

Capítulo 13

No verbalismo

En este capítulo se desea hacer un resumen de esta temática (existe una prolífica bibliografía que profundiza al respecto), que añadirá algunos conocimientos básicos para reforzar las técnicas del lenguaje oral.

Si bien la civilización humana data de millones de años, a partir de mediados de la década del '60 se comenzó a estudiar el significado de los movimientos corporales y su *influencia* en la comunicación.

Para Argyle, M. *(Bodily Communications)* *"el lenguaje es innecesario para transmitir emociones".*

Para comprobarlo basta ver las películas de Charles Chaplin.

No se dice una palabra y sin embargo impactan por su expresividad y emotividad.

Lo mismo ocurre cuando se baja el volumen del televisor. Obsérvense los comportamientos corporales (cinésicos), los gestos y los distintos tipos de ademanes que realiza el expositor.

Como se expresó al comienzo de esta obra, el impacto total de un mensaje es 45% *verbal* (la voz, la palabra, los tonos y los matices), y 55% *no verbal*. Otros autores especifican que en una conversación normal el verbal es inferior al 35% del significado social de la situación, y el no verbal más del 65%. Si bien estos porcentajes no son matemáticos, ya que la naturaleza humana es pasible de cambios permanentes, marcan una tendencia.

El *homo erectus* utiliza aproximadamente 700.000 posiciones distintas con los dedos, manos, brazos y hombros.

El rostro puede hacer mil expresiones faciales diferentes.

Antes de proseguir con el significado de los gestos, se desea hacer cuatro observaciones:

1) *Los gestos deben ser considerados en su conjunto.* Al igual que las palabras, que deben estar insertas en una oración para tener un significado, *los gestos aislados carecen de sentido.* Para juzgar con un alto porcentaje de efectividad, considérese la *integridad* de los mismos.

2) La veracidad de la información que se detallará a continuación está avalada por importantes investigadores y por comprobaciones de este autor.

3) Se sugiere que siempre se considere un pequeño margen para las excepciones, ya que las personas *no son criaturas lógicas*, sino *seres emotivos*, además que quien juzga puede caer en la falibilidad, propia de la condición humana.

4) Considérese la personalidad y la contextualidad (cultura, ámbito, ambiente, etc.), el entorno (Mark Knapp le llama *percepciones del entorno*), como condicionante de actitudes no verbales.

"Lo que eres habla tan fuerte que no puedo escuchar lo que dices", Emerson.

Gestos

Se clasifican en *innatos* y *adquiridos*.

La capacidad de succión y la sonrisa son *gestos innatos* (programas neurológicos heredados).

La sonrisa de los niños ciegos y sordos de nacimiento se produce aunque no hayan podido aprenderla por imitación.

Inclinar la cabeza hacia adelante en señal de asentimiento es un *gesto universal innato* que efectúan también ciegos y sordos.

Mover la cabeza de un lado a otro indica negación, el *no* es también universal (incorporado en la infancia cuando se rechazaba el pecho materno o la mamadera).

Gran parte de nuestra conducta no verbal es *adquirida*. A esta categoría pertenecen los gestos *regionales* o *emblemáticos*, como el O.K. (juntar los dedos índice con el pulgar), ya que en el área occidental indica que está todo bien pero... en Francia significa cero o nada; en Japón, dinero; y en países del Mediterráneo se lo usa para señalar que un hombre es homosexual, y puede ser tomado como insulto. Lo mismo ocurre con el *emblema* de "suicidio": en Nueva Guinea se hace tomándose el cuello con la mano; en Estados Unidos, se coloca el dedo índice extendido sobre la sien; y en Japón, se dobla el brazo, hasta la altura de la cintura, y con el puño cerrado, se lo mueve hacia los laterales. Y el de *saludo:* los occidentales se dan la mano o se besan, en algunos lugares del Sudán se sacan la lengua, y en algunos pueblos esquimales se rozan la nariz.

Gestos con las manos

* *Captación del aire:* movimiento semicircular propio de personas que intentan dominar una situación pero que todavía no lo han conseguido, y se está a la búsqueda de la definición de una idea. La mano toma el aire intentando encerrarlo.

* *Las palmas extendidas hacia adelante,* pretenden brindar ideas y conocimientos. Es un gesto propio de docentes que, a través de sus manos, "extienden" sus conocimientos; *de personas honestas; y muy usado en técnicas de venta.* Respecto de esto último, cierta vez una alumna dijo, con cierta decepción: *"mostré las palmas durante todo el tiempo que duró la entrevista y no he logrado vender nada".* Es importante aclarar que: 1) no se deben exhibir las palmas todo el tiempo, sino en los *momentos apropiados* (cuando se habla de la calidad o bondades del producto, el respaldo de la empresa, etc.); 2) este gesto por sí solo no basta. Se deben poner en práctica las técnicas expresadas en esta obra *en su conjunto* (obviamente complementado con la técnica de venta propia del producto o servicio).

La *persuasión inconsciente* que tienen las palmas hacia arriba también se manifiesta en la actitud que tomen las personas. Si se da una orden (con las mismas palabras y tono de voz), la predisposición (e inclusive reacción) que pueda adoptar quien la reciba será diferente si quien la expresa lo hace con las palmas hacia arriba o hacia abajo. Lo último genera rechazo y molestia. Este fenómeno también se manifiesta en algunos animales. Por ejemplo, si alguien se acerca a determinadas razas de perros con las palmas hacia abajo, aunque la intención sólo sea la de tocar o acariciar al can, es posible que como respuesta se obtenga una agresión.

* *Las palmas frontales* indican que el orador está a la defensiva. Es un acto de protección frente a una agresión (suele hacerse cuando el disertante no es escuchado debido a ruidos o murmullo del auditorio).

* Cuando el orador dirige sus *palmas hacia el pecho*, como abrazando a un amigo invisible, pretende acercar al auditorio.

* *Palmas enfrentadas:* personas componedoras. Se recomienda su aplicación en mediación.

A veces los dedos también dan información sobre ciertos estados emocionales o actitudes. En cierta oportunidad, en una entrevista, una mujer expresaba frente a su empleador (el gerente de una importante empresa de cosméticos) su gusto por trabajar allí, mientras con su dedo índice hacia movimientos de un lado a otro (sus brazos estaban apoyados en el apoyabrazos, y su mano tomaba el borde del mismo). Al poco tiempo dejó la empresa, como expresó en su renuncia, por "incompatibilidad metodológica con la gerencia".

Una anécdota famosa de Freud cuenta que una de sus pacientes, mientras hablaba sobre la *excelente* situación que vivía en su matrimonio, se quitaba y se volvía a colocar continuamente el anillo de casamiento (incluso lo cambiaba de dedo). Al poco tiempo abandonó a su esposo.

Los casos expuestos demuestran cómo el lenguaje no verbal realizado con manos y dedos dieron pistas de las acciones que luego se desencadenarían, a pesar de que las palabras habladas sugerían otro desenlace.

Gestos de barrera

Dice Alan Pease: *"Al cruzar uno o los dos brazos sobre el pecho se forma una barrera que, en esencia, es el intento de dejar fuera de nosotros la amenaza pendiente o las circunstancias indeseables. Cuando una persona tiene una actitud defensiva, negativa o nerviosa, cruza los brazos".*

En los cursos de venta se aconseja que, si un cliente se cruza de brazos, se le debe acercar un papel u otro objeto para "desbloquearlo". Al respecto, se realizó una experiencia con estudiantes: al primer grupo se le dijo que presencie la clase con los brazos cruzados. Al segundo, se le pidió que no debía cruzar los brazos ni las piernas. El resultado: el primer grupo fue el que más criticó al profesor, y aprendió un 38% menos que el segundo. Esto reveló que cuando el oyente cruza los brazos no solamente tiene pensamientos negativos, sino que además presta menos atención.

Cruzarse de brazos con los puños cerrados demuestra una actitud de *hostilidad;* cuando se muestran los pulgares revela *superioridad.*

El *cruce de piernas* también es tomado como una *actitud de defensa.* Pero, atención: algunas veces se produce este movimiento para modificar la posición corporal cuando se estuvo mucho tiempo sentado de una manera.

El *cruce de piernas en 4* significa *competencia* o *terquedad.*

El primero se ve, sobre todo, en reunión de gerentes o jefes de la misma jerarquía (recuérdese el contexto en el que se produce un gesto).

Cuando la persona se toma de una pierna (la que está cruzada), indica que se resiste a los argumentos. Por ejemplo, si está tratando de convencer a alguien que adopta esta postura no se debe pretender una definición en ese momento. Es mejor modificar la estrategia hasta que cambie por una posición de inclinación hacia adelante, la que indicará que está asintiendo y poniendo atención.

Su *obstinación* será mayor si se toma la pierna cruzada con ambas manos.

El *cruce de brazos y piernas* indica una *doble defensa,* y es adoptado por individuos que se sienten *inseguros* o *nerviosos.* Si alguien ingresa a una fiesta y desconoce a los demás invitados, tiende a cruzarse de brazos y piernas. A medida que entra en confianza se va *"destrabando".*

Gestos de engaño

Nuestro cuerpo está preparado para decir la verdad.

Cuando se miente, distintas zonas corporales reaccionan evidenciando un cortocircuito entre lo que se dice y la realidad que nuestro cerebro sabe.

Existen personas con una particular sensibilidad innata para detectar el engaño. En cambio otros, tal vez por excesiva buena fe, son víctimas permanentes de la mentira.

La siguiente información complementará la cualidad de los primeros, y otorgará a los segundos una orientación para la detección de la falsedad.

Existen dos tipos de gestos que manifiestan *engaño: sutiles y evidentes.*

Sutiles: el ser humano, al mentir, produce *microgestos (movimientos microfaciales o expresiones micromentarias),* de un cuarto o medio segundo de duración, de difícil detección a simple vista, que consisten en pequeños temblores en la comisura de los labios, entre las cejas, acompañados de *excesivo parpadeo* (normalmente, el número de parpadeos es de seis a siete por minuto, en el mentiroso puede llegar a los treinta por minuto).

Para comprobarlo, los investigadores sometieron a pruebas a personas, a las cuales se les solicitó que contaran una anécdota real y otra imaginaria. Durante el relato ficticio aparecían estas expresiones faciales micromomentáneas (detectadas cuando se pasó las imágenes obtenidas en un taquitoscopio: aparato que puede reproducir fotografías sobre una pantalla a velocidades que llegan a un centésimo de segundo).

Según los estudios realizados, las mujeres tienen mejor capacidad de detección de microgestos.

Evidentes: se desliza el dedo por debajo de la nariz, mientras se baja la mirada. Este gesto proviene de la infancia: obsérvese que cuando los niños mienten, suelen taparse la boca, ya que el cerebro indica que no deje salir más mentiras. A medida que el individuo crece, los movimientos se hacen más sutiles. La mano cubre la boca y el pulgar oprime la mejilla cuando el cerebro ordena en forma subconsciente que se supriman las palabras engañosas.

El volumen de voz decrece, sobre todo al final de las frases, predominan los tonos agudos y el ritmo de exposición disminuye.

Otros gestos de engaño evidentes:

* La persona desvía la mirada (no quiere ver los ojos de la víctima), sobre todo en el momento en que se le hace una pregunta sorpresiva.

* Se humedece los labios con la lengua reiteradas veces (los nervios derivados de la mentira provocan la ausencia de saliva).

* Se elevan las cejas cuando se responde.
* Se frota la base de la nariz (indica que el cerebro, cuando se miente, envía a las terminaciones nerviosas un cosquilleo). Considérese siempre la advertencia de tomar a los gestos *en su conjunto* para una eficaz evaluación ya que, por ejemplo, el hecho de que un docente realice este gesto no implica que engañe a sus alumnos. Puede originarse por una reacción alérgica al polvillo de la tiza.

Existe una forma de engaño llamada *"mentira corporativa"*, en la que ambos interlocutores mienten y lo saben, pero mantienen el juego por interés o conveniencia mutua. Suele darse en reuniones sociales.

Si bien se puede fingir una expresión de alegría, enojo o tristeza, aún no se sabe cómo hacerla surgir espontáneamente, su duración y la conclusión de la misma.

"Quien tiene ojos para ver y oídos para oír puede estar convencido de que ningún mortal es capaz de guardar un secreto. Si sus labios mantienen silencio, conversará a través de las yemas de sus dedos. La traición le exudará por todos los poros", Sigmund Freud.

Los ojos

Los ojos dan las señales más exactas para saber el estado anímico y fisiológico de las personas.

Los expertos en marketing, a través del "análisis motivacional del mercado", realizaron estudios en supermercados para saber cómo reacciona un cliente ante la compra de un producto y qué elementos se necesitan para la inducción a la compra.

Vicary, un estudioso del análisis de mercado, comprobó

que en el instante previo a la toma del producto de la góndola, el ritmo de la frecuencia del parpadeo es de 32 por minuto. En el momento exacto de la compra, cuando toma materialmente el producto, la frecuencia del parpadeo desciende a 14 por minuto.

Este descenso en el ritmo de la frecuencia del parpadeo indica que el psiquismo de la compradora ha tenido un alivio en su tensión, porque ha solucionado la excitación acumulada mientras efectuaba la elección, ante un estante lleno de mercaderías similares que se disputaban entre sí su preferencia, comunicándose con ella por intermedio de la elocuencia de sus envases, de sus marcas, de sus formas y tamaños. En el momento de la compra, se llega a un estado de semihipnosis que está expresado por el descenso notable de la frecuencia del parpadeo.

Igual reacción se produce cuando llega a la caja para pagar. Antes de hacerlo, el parpadeo se intensifica; al retirarse, se normaliza.

Los párpados también indican a los médicos si un paciente finge un desmayo. Si se ofrece resistencia al intentar levantar el párpado, el desvanecimiento es simulado.

Pero no sólo los párpados dan información sobre el estado de las personas.

Como se sabe, las pupilas se contraen ante la presencia de la luz y se dilatan ante la ausencia de ella.

La pupilometría (un campo de estudio iniciado por el psicólogo Eckhard Hess) demostró que las pupilas, que funcionen en forma independiente y en iguales condiciones de luminosidad, se contraen *(miosis)* si se está de *mal humor, enojado o tenso;* y se *dilatan* si se siente *en estado de bienestar.*

Se hizo un experimento mostrando fotografías de

políticos a personas de distintas posturas ideológicas, y se les pidió una opinión sobre ellos. Se comprobó que el lenguaje verbal (en favor o en contra del político) coincidió con el tamaño pupilar.

En otra experiencia se le dijo a un hombre que tuviera un diálogo con dos mujeres de similar aspecto y personalidad, por separado. A una de ellas se le colocó una sustancia para dilatar sus pupilas. Luego de la charla el hombre juzgó como más cálida y más atractiva a la mujer con pupilas dilatadas.

Se pudo comprobar también que el gusto y el sonido modifican el tamaño de las pupilas. Hess dio a algunas personas líquidos para degustar. Cuando se probaban los más agradables, las pupilas se dilataban.

Algunos magos que realizan trucos con cartas aplican este conocimiento para captar la carta preseleccionada por un individuo porque las pupilas de éste se agrandan cuando la vuelve a ver.

Los enamorados tienden a dilatar sus pupilas. Está comprobado que en el proceso de seducción el tamaño de las pupilas genera en la otra persona un estado de bienestar. Esto es sabido por publicistas y fotógrafos profesionales. Como la pupila dilatada "vende" más subliminalmente, cuando se toman fotos de modelos en primer plano se les coloca una sustancia en los ojos que produce *midriasis* (dilatación de las pupilas).

Durante una conversación, téngase en cuenta la variación en el tamaño de las pupilas del interlocutor para conocer su estado anímico.

Alan Pease divide los tipos de mirada en:

a) *De negocio* (o empresaria): consiste en imaginar un triángulo entre los ojos. Su empleo debe hacerse cuando se quiere mantener el control de una conversación, en una reprimenda, o diálogo que requiera seriedad.

b) *Social:* cuando se baja la mirada por debajo de los ojos, y se mira el rostro, disminuye la tensión. Es frecuente entre amigos o parientes.

Es muy común que durante una negociación se aplique primero la mirada empresaria (cuando se discute el precio, por ejemplo), y luego se implemente la mirada social (luego que se ha cerrado el trato).

c) *Mirada íntima* (o sentimental): primero se observan los ojos, luego los labios y posteriormente otros lugares del cuerpo. Se manifiesta cuando existe un interés físico. Un intercambio continuo de miradas sentimentales es posible que culmine en noviazgo.

Desde el punto de vista práctico: si se tiene que reprender a un subordinado, ¿qué tipo de mirada se empleará? Por supuesto que la sentimental, no. Será... la mirada empresaria.

Los investigadores observaron que las miradas se atemperan con un destinatario de estatus elevado, se intensifican con individuos de estatus moderadamente alto y se vuelven mínimas con un destinatario de estatus bajo.

Un estudio sobre el porcentaje de duración de una mirada durante una conversación arrojó los siguientes resultados:

—Los que miraban un 15% del tiempo fueron juzgados por sus interlocutores como fríos, pesimistas, prudentes, defensivos, evasivos, sumisos, indiferentes y sensibles.

—Los que miraban el 80% del tiempo fueron catalogados como amables, seguros de sí mismos, espontáneos, maduros y sinceros.

El porcentaje descripto y sus conclusiones corresponden a una conversación social. Es diferente cuando se modifica el contexto: imagine que está en una confitería solo, bebiendo una gaseosa. De repente sus ojos se encuentran con los de otra persona que está en una mesa contigua. Usted esquiva la mirada y al rato volverá a observar. Si existiere un interés físico, es probable que las miradas continúen, de lo contrario, usted sentirá cierta incomodidad que, si persiste la mirada del/la desconocido/da, puede transformarse en molestia y hasta enojo. La tensión aumentará, al igual que la presión arterial y los latidos cardíacos.

En 1957, se presentó ante una comisión del Congreso de los Estados Unidos el caso de un empresario que había contratado los servicios de una persona para que observara de una determinada manera a los empleados con el propósito de que éstos laboraran más intensamente.

La intensidad y duración de la mirada está estrechamente vinculada con la cultura y con el contexto. Los árabes se miran a los ojos intensamente mientras hablan; en zonas del Lejano Oriente se considera mala educación mirar a la otra persona durante una conversación.

El comportamiento visual fue causa de numerosos experimentos. Algunas de sus conclusiones fueron:

—Los más afectuosos son los que más miran.

—Los que padecen turbación o disgusto evitan la mirada de otras personas.

—Las mujeres, cuando establecen el contacto visual, lo mantienen más tiempo que los hombres.

—Los hombres intensifican el tiempo de la mirada cuando escuchan el final de una conversación, mientras que las mujeres lo hacen cuando son ellas las que hablan.

¿Cómo lograr establecer una mejor comunicación a través del movimiento de los ojos?

En 1975, Richard Bandler y John Grinder, profesores de la Universidad de California, elaboraron un estudio denominado *Programación Neurolingüística (PNL)* para, como explican Joseph O'Connor y John Seymour, *"organizar lo que vemos, oímos y sentimos, y cómo revisamos y filtramos el mundo exterior mediante nuestros sentidos, y explora cómo lo describimos con el lenguaje y cómo reaccionamos, tanto intencionadamente como no, para producir resultados"*.

Ellos notaron que las personas, según movían los ojos, hablaban de una determinada forma y tenían una percepción distinta del mundo. Para comprobar esta hipótesis, realizaron la siguiente experiencia:

Entrevistaron de manera personal a varias personas. A las que empleaban más términos que se relacionaban con imágenes, les dieron tarjetas rojas; las que expresaron palabras y frases atinentes al sonido, se les dio tarjetas verdes; y las que decían palabras concernientes a los sentimientos, recibieron tarjetas amarillas.

Se los separó por grupos de igual color de tarjeta, y se comprobó que existía una excelente comunicación entre ellos. No ocurrió lo mismo cuando, en una experiencia posterior, se "mezclaron los cartones" (y las personas).

Se descubrió que los movimientos de los ojos desencadenan un proceso diferente en el cerebro.

Desde el punto de vista neurofisiológico, para construir imágenes, se mira hacia arriba (sistema representativo *visual*).

Si se mira hacia arriba y hacia la izquierda, se activa la *memoria visual* (cuando se quiera recordar una imagen, ubicar los ojos en esa dirección). En cambio, al mirar hacia arriba y hacia la derecha, se generan imágenes (es la zona del pensamiento abstracto). Si se realizan cálculos matemáticos, es recomendable mirar hacia este sector.

Ej.: Si le pregunta a su pareja adónde estuvo por la mañana, si mira hacia arriba y hacia la derecha está generando imágenes, y por lo tanto está inventando (se corroborará totalmente si se detectan gestos de engaño), de lo contrario mirará hacia arriba y hacia la izquierda, para recordar.

Si bien existen procedimientos científicos para la detección de testigos dudosos (polígrafo, pericia psicológica), esta técnica ya está siendo implementada en juicios orales por profesionales del derecho para obtener una primera impresión cuando hacen interrogatorios.

Cuando los ojos se mueven hacia los costados se activa el sistema representativo *auditivo*. Si se mira al costado derecho se generan sonidos (muchos compositores crean sus melodías mirando en esta dirección). Entre quienes predomina este movimiento ocular, las investigaciones demostraron que estos individuos parecen mostrar mayor proclividad a la tensión en los músculos posturales, talento hacia las matemáticas, más tics en el rostro, y menos horas dedicadas al sueño (en el varón).

Si se mira a la izquierda, se recuerdan sonidos (si se pretende recordar algún nombre o melodía, mover los ojos en esta dirección). Además, según los estudios, los *auditivos* son más susceptibles a la hipnosis y muestran mayor fluidez en la escritura.

Los científicos hallaron que hay más mujeres auditivas que hombres.

Por último está el sistema representativo *cinestésico*, cuando se mira hacia abajo.

Abajo, a la derecha, se pasa por un momento de emoción; abajo, a la izquierda, se está en comunicación con uno mismo (comunicación intrapersonal).

Se previene sobre las generalizaciones excesivas debido a la naturaleza integradora del cerebro.

Técnica de influencia a través de la PNL

Todos somos *visuales, auditivos* y *cinestésicos*, pero, como se expresó anteriormente, hay un sistema representativo que predomina sobre los otros dos.

Si una persona *visual* elogia su voz le dirá: *"qué lindo color de voz que tienes"*; quien es *auditivo* expresará: *"qué agradable timbre de voz"*; y un *cinestésico* opinará que *"tu voz transmite un especial sentimiento. Me hace sentir bien"*.

Ej.: Si se trabaja en una agencia de turismo, y se detecta que el cliente es *visual*, se le debe mostrar *imágenes* de paisajes; si es *auditivo*, se le informará, por ejemplo, sobre los sitios donde se ofrecen conciertos; y si es *cinestésico*, se le hablará sobre la tranquilidad del lugar y el "beneficio" para su espíritu.

Para tener una buena comunicación (e influir), detéctese qué sistema representativo prevalece en el interlocutor, y oriéntense los argumentos hacia ese sistema a fin de lograr *"sintonía"*.

Otros gestos y actitudes

Evaluación

Si se está en una reunión, y el interlocutor tiene la mano cerrada apoyada en la mejilla, con el índice apuntando hacia arriba, está *evaluando con interés*.

Si, lentamente, con el pulgar comienza a sostener el mentón, ello implicará que ha comenzado a aburrirse (progresivamente irá sosteniendo su cabeza). Si esto sucede, cambiar de tema o suspender la entrevista.

Posiciones simétricas

En algunos restaurantes puede observarse que las parejas de enamorados están en simetría corporal (posición de espejo). Lo mismo ocurre durante una charla cordial y de entendimiento con el mejor amigo.

En una conversación de negocios, adoptar similar postura que el interlocutor, implementar la técnica de expresión oral y los conocimientos sobre programación neurolingüística hará que la comunicación sea óptima.

Posturas de interés y desinterés

El ser humano manifiesta su interés inclinándose hacia adelante; el rechazo, reclinándose. Si el interlocutor echa su cuerpo hacia atrás, toma un objeto del escritorio y baja la vista, es posible que esté en desacuerdo con la propuesta.

Si baja el mentón, la postura negativa se intensifica.

En cambio, si la persona se inclina hacia adelante mientras se habla, expondrá de forma no verbal un acuerdo.

Es importante observar la ubicación de la cabeza. En posición neutra (erguida, con el mentón derecho), la atención será la apropiada. Si inclina la cabeza hacia alguno de los costados, será mayor aún. Esto también es aplicable al auditorio.

Cierta vez, un gerente exponía frente a colegas: "me siento halagado de estar con ustedes", mientras con su cabeza negaba esta aseveración. Muy poco creíble, ya que cuando existe una disociación entre el lenguaje verbal y el no verbal la gente tiende a creer al segundo.

Actitudes de desacuerdo

a) Colocar la mano abierta en la nuca: es común observar a ciertos individuos que, ante conceptos con los que no concuerdan, desvían la mirada (generalmente mira hacia abajo), hacen un gesto con el rostro (como de lamento), y colocan su mano en la nuca, a veces frotándola (cuanto más intenso es el frote, mayor es el grado de disconformidad).

b) Quitarse basuritas imaginarias: este gesto es típico de personas que, por algún motivo, no pueden expresar la no concordancia con el/los oradores.

Características de los buenos receptores no verbales: a través del test PONS (Profile of non verbal sensitivity), realizado por el psicólogo Robert Rosenthal de la Universidad de Harvard, se observó que las mujeres son mejores receptores de señales no verbales.

Las personas que tienen capacidad de decodificar estas señales tienen, como perfil de personalidad: buena capacidad de adaptación, democráticas, óptima comunicación interpersonal, extravertidas y tienen un buen control sobre sí mismas.

Experiencias realizadas con niños caracterizados por ser emisores ineficaces mostraron como características predominantes la timidez, pasividad y mayor espíritu de cooperación.

El test PONS determinó que la capacidad de decodificar las señales no verbales *no está relacionada con la inteligencia*.

Las técnicas en su conjunto

Ejemplo aplicado a una *entrevista* formal:

* Cuidar el aspecto. La vestimenta con predominio del color azul es la más recomendada.

* Relajarse (ejercicios de respiración).

* Cuando se ingrese a la audiencia, *sonreír*. Ello generará una distensión entre el entrevistador y el entrevistado (recuérdese que no tendrá una segunda oportunidad de tener una buena primera impresión).

* Dar la mano sólo si quien recibe lo hace. De lo contrario, saludar bajando levemente la cabeza.

* Aplicar la *mirada empresaria* (triángulo entre los ojos), que le impondrá seriedad al discurso.

* Hablar erguido. Recordar que la inclinación corporal hacia adelante, *mientras se habla*, es propio de personas inseguras.

* Los ademanes deben ser escasos, cortos y en semicírculo.

* Evitar el uso de muletillas (que denotan ansiedad, nervios e inseguridad).
* No cruzarse de brazos (barrera = actitud defensiva).
* Hablar a la *misma velocidad* que el interlocutor, con voz clara, *articulando* y *vocalizando* los más posible, para dar impresión de verosimilitud y seguridad.
* Durante la elocución, mostrar las palmas evidenciará que se es franco y honesto.
* *No mentir* (el cuerpo está preparado para decir la verdad).
* Intentar detectar el sistema representativo del interlocutor *(visual, auditivo o cinestésico); su escala motivacional (BP o ES)*, e intentar hablar "en su idioma".
* Ser uno mismo (en Oratoria, la imitación es suicidio).
* Ser *cuidadosamente natural.*
* Si las piernas están visibles, pensar en ellas. Su descontrol manifestará ansiedad o inseguridad.
* Tratar de que el *gesto de evaluación de interés* del interlocutor permanezca durante la entrevista. Si ello no sucediera, preparar algún argumento alternativo, o finalizarla.
* Evitar las adulaciones.
* Llevar una carpeta con el C.V. (ej.: entrevista laboral), u otro dato adicional que complemente la información oral que se brinde.
* En la despedida agradecer el haberle recibido y prestado atención. La última impresión también cuenta.

Conclusiones

La madre Teresa de Calcuta solía decir que *"comunicarse es la primera necesidad".*

La obra que acaba de leer tuvo una clara intención: *optimizar la comunicación interpersonal a través de la oralidad.*

Es posible que el lector se haya preguntado si las técnicas brindadas proponen estructurar la personalidad.

Lo expuesto sólo pretendió alcanzar elementos que, aplicados con *ética, responsabilidad* y *sentido común,* sirvan para complementar los aspectos cognitivos y reforzar falencias que deslucen cualquier elocución.

El lenguaje *oral* fue, es y será *el* elemento de acercamiento por excelencia entre los hombres.

La voz revela significativamente la personalidad, la cultura, el estado de ánimo y la intención de un individuo.

Muchas guerras y conflictos se han solucionado cuando los gobiernos se sentaron en torno de una mesa para *conversar.*

Hablando se entiende la gente, dice un dicho popular.

Todos conocemos individuos que han tenido excelentes promedios como estudiantes y que, a la hora de "salir al ruedo" profesional, no supieron cómo expresar sus conocimientos.

La dificultad para la expresión oral deviene, irremediablemente, en impotencia intelectual cuando las circunstancias cotidianas exigen el uso de la retórica.

El lector habrá advertido un verbo muy reiterado: *practicar.*

Hágalo con las técnicas expresadas en este libro.

Sólo usted conoce el valor de lo que sabe.

Sería bueno escucharlo... a través de sus palabras.

Bibliografía

Carneghie, Dale, *Cómo ganar amigos e influir sobre las personas*, Editorial Sudamericana, Buenos Aires, 1981.
—*El camino fáci y rápido de hablar eficazmente*, Sudamericana, 1964.
Crespo, Enrique A., *Cómo hacer una presentación*, Pérez Ochoteco, Mario, F., Ediciones Macchi, Buenos Aires, 1993.
Davis, Flora, *El lenguaje de los gestos*, Emecé Editores, Buenos Aires, 1994.
Davitz, J. R., *The Communication of Emotional Meaning*, McGraw Hill Nueva York, 1964.
De Bono, Edward, *El pensamiento lateral*, Editorial Paidós, Buenos Aires, 1993.
—*Seis sombreros para pensar*, Editorial Granica, Barcelona, 1988.
Di Bartolo, Ignacio, *Cómo hablar en público*, Editorial Corregidor, Buenos Aires, 1990.
Dineen, Jaqueline, *Hablar bien y alcanzar el éxito*, Ediciones Lidium, Buenos Aires, 1985.
Fernández, Alberto, *Arte de la persuasión oral*, Editorial Astrea, Buenos Aires, 1991.

—*Oratoria práctica,* Editorial Norte, Buenos Aires, 1972.
Kastika, Eduardo, *Desorganización creativa, organización innovadora,* Ediciones Macchi, Buenos Aires, 1994.
Knapp, Mark L., *La comunicación no verbal,* Paidós Comunicación, México, 1995.
Loprete, Carlos Alberto. *Introducción a la oratoria moderna,* Editorial Plus Ultra, Buenos Aires, 1980.
López, Manuel, *Cómo se fabrican las noticias,* Editorial Paidós, Barcelona, 1995.
Mariscal, Enrique, *La empresa magnética,* Editorial Serendipidad, Buenos Aires, 1993.
Morris, Desmond, *El hombre desnudo,* Hispamérica, Buenos Aires, 1980.
Núñez, Miguel Angel, *Falacias,* Ediciones New Life, Buenos Aires, 1995.
O'Connor, Joseph; Seymour, John, *Introducción a la PNL,* Editorial Urano, Barcelona, 1995.
Pear, T. H., *Boy and Personality,* Chapman and Hall, Nueva York, 1931.
Pease, Alan, *El lenguaje del cuerpo,* Editorial Planeta, Buenos Aires, 1994.
Ribeiro, Lair, *La comunicación eficaz,* Editorial Urano, Barcelona, 1994.
Salas, Carlos E., *Oratoria y cultura,* Editorial Club de Elefantes, Buenos Aires, 1987.
Senger, Jules, *El arte de la oratoria,* Compañía General Fabril, Buenos Aires, 1962.
Wagner, Fernando, *La televisión. Técnica y expresión dramática,* Editorial Nueva Colección Labor, Barcelona, 1972.

IMPRESO POR
OFFSET DIFO S.H.
ROSARIO 4751 - ADOLFO SOURDEAUX
1612 BUENOS AIRES - ARGENTINA
FEBRERO DE 1998